Friedrich Kaiser

Eine Feindin und ein Freund

Posse mit Gesang in drei Akten

Friedrich Kaiser

Eine Feindin und ein Freund
Posse mit Gesang in drei Akten

ISBN/EAN: 9783743608863

Hergestellt in Europa, USA, Kanada, Australien, Japan

Cover: Foto ©ninafisch / pixelio.de

Weitere Bücher finden Sie auf **www.hansebooks.com**

2402

Wiener

Theater-Repertoir.

87ste Lieferung.
Preis 60 Neukreuzer oder 12 Sgr.

Eine Feindin und ein Freund.

Posse mit Gesang in drei Acten.

Von Friedrich Kaiser.

Musik von Kapellmeister Carl Binder.

Den Bühnen gegenüber als Manuscript gedruckt.

Wien, 1862.
Verlag der Wallishausser'schen Buchhandlung (Josef Klemm),
Stadt, hoher Markt 541, gegenüber dem Galvagnihof.

Eine
Feindin und ein Freund.

Posse mit Gesang in drei Acten

von

Friedrich Kaiser.

Musik vom Kapellmeister Carl Binder.

Mit glänzendem Erfolge zuerst aufgeführt am k. k. priv. Carltheater in Wien.

Personen:

Graf von Hohenfließ.
Anna von Malhold.
Timmel, Schloß-Inspector.
Minna, seine Tochter.
Harlinger, ein Metallgießer.
Richard Steinwald, sein Vetter, Bildhauer.
Baron Kielbach, } Freunde des
Baron Schütthelm, } Grafen Hohenfließ.
Franz, } Bediente des Grafen.
James, }
Wenzel, Kutscher.
Robert Sturmvogel.

Kathi, Wäscherin.
Stupfer, Richter.
Hornfels, Forstmeister.
Barfeld, Cassier } des Grafen.
Hochmann, Beamter }
Dorne, Gerichtsschreiber.
Rudolf, } Jäger.
Max, }
Kaltherz, Gefangenwärter.
Ein Wächter.
Schimmer, Maler.

Gäste des Grafen, Jäger, Bergknappen, Ortswächter, Musikanten, Dienerschaft.

Erster Act.

(Vorsaal im Schlosse des Grafen. — Eine Mittel- und zwei Seitenthüren.)

Erste Scene.

Hochmann, Schimmer (mit einem Portefeuille unter dem Arm), Cassier Barfeld, mehrere andere Beamte (stehen wartend). Hornfels (in einer alten Jagduniform sitzt mehr seitwärts in einem Fauteuil). Dann Timmel.

Hochm. Das dauert wieder lange, bis der Herr Graf heute sichtbar wird!

Barf. Und dann nimmt er sich kaum Zeit, das Wichtigste einzusehen!

Timm. (kommt geschäftig aus der Seitenthür rechts). Wo ist der Maler Herr Schimmer? Ah, da sind Sie ja! — Haben Sie die Skizzen für die Plafond-Bilder bei sich? — Gut! — Sie sollen kommen. (Schiebt ihn rasch in die Seitenthür.) Architekt Hochmann! — Wo ist Herr Hochmann? —

Hochm. Hier! Hier!

Timm. Tempel der Minerva! Neue Idee! — Nur herein! (Drängt ihn ebenfalls in's Seitenzimmer.)

Barf. Meine Cassa-Ausweise —

Timm. Keine Zeit! — Wir haben für Niemanden Zeit, außer für Künstler — und Cassier sein, ist keine Kunst, wenn man Geld hat! — Kommen Sie ein anderes Mal! — (Zu allen Uebrigen.) Ich bitte Sie, meine Herren, verlieren Sie Ihre Zeit nicht umsonst, der Herr Graf thut, träumt, denkt, sorgt, lebt für nichts Anderes, als für die Kunst; ich darf ihm nichts Prosaisches melden!

Barf. Nun, meine Schuld ist's nicht, wenn sich dann die Rechnungen anhäufen; ich frage ein Andermal nach! (Er und die übrigen Beamten entfernen sich durch die Mitte.)

Hornf. (steht auf). Also ich kann heute wieder nicht mit dem Grafen sprechen! -

Timm. Ist auch gar nicht nöthig!

Hornf. Was? — Nicht nöthig? — Seit drei Monaten bewerbe ich mich bereits um die erledigte Försterstelle auf den Gütern in Böhmen — und noch immer kein Bescheid! —

Timm. Mein Gott, Du hörst ja, daß man dem Grafen, seitdem die unglückselige Kunstliebhaberei in ihn hineingefahren ist, mit nichts Vernünftigem kommen darf! — Ja, wärst Du ein Maler, oder ein Bildhauer, oder so was dergleichen! —

Hornf. Also gibst Du die Hoffnung auf, deinem alten Jugendfreund zu einem anständigen Posten zu verhelfen? —

Timm. Im Gegentheil, ich glaube, wir sind dem Ziele näher als jemals! — (Heimlich.) Ich habe dein Gesuch der Frau von Maihold übergeben! —

Hornf. Frau von Maihold? Wer ist das? —

Timm. Eine junge schöne, äußerst geistreiche Wittwe, die wir wohl bald als unsere Frau Gräfin begrüßen dürften, trotzdem daß die Familie des Grafen sich mit Händen und Füßen gegen diese Verbindung stemmt! —

Hornf. Teufel! Ja — dann dürfte wohl ihr Fürwort —

Timm. Ich sage Dir — ihr Fürwort ist ein Hauptwort, denn diese Frau hat in ihrem wunderlichen kleinen Köpfchen einen Geist — ein Raffinement, Alles durchzusetzen! — Sie ist eigentlich der Graf! — Jedem, dem sie gut will, ist zu gratuliren, aber wehe dem, der sich mit ihr verfeindet! — Aber still ich höre kommen! Sie ist's!

Zweite Scene.

Vorige. Frau von Maihold.

Fr. v. Maih. (in reizender Toilette tritt aus der Seitenthür links).

Hornf. und Timm. (verneigen sich ehrerbietig).

Fr. v. Maih. Ach, Herr Timmel — Sie kommen erwünscht! —

Timm. (leise zu Hornfels). Fahr' ab — aber warte im Vorzimmer! —

Hornf. (ab durch die Mitte).

Fr. v. Maih. (geht in sichtbarer Aufregung auf und nieder, dann bleibt sie dicht vor Timmel stehen). Herr Timmel!

Timm. (fast erschreckt). Ew. Gnaden?!

Fr. v. Maih. Sie bewohnten früher das kleine Jagdschlößchen am Ende des Wildparks ganz allein?!

Timm. Zu dienen, Ew. Gnaden, aber jetzt seit zwei Monaten habe ich auf Befehl des Herrn Grafen den größeren Theil davon dem Bildhauer Steinwald überlassen müssen, der dort sein Atelier aufgeschlagen hat!

Fr. v. Maih. Ja, der Herr Graf hat einige größere Bestellungen bei ihm gemacht! —

Timm. Wie ich hörte, verdankt er dieses Glück nur der besonderen Empfehlung von Ew. Gnaden!

Fr. v. Maih. Ja, ich war bereits in der Residenz auf das Talent dieses jungen Künstlers aufmerksam geworden und wollte ihm Gelegenheit schaffen, sich auszuzeichnen! — Der Graf wünschte, daß er die Bilderwerke, welche für dieses Schloß bestimmt sind, auch hier vollende, und zu diesem Zwecke schien das Jagdschlößchen die geeigneten Räumlichkeiten zu enthalten!

Timm. Ja wohl, er ist auch sehr zufrieden, und hat schon oft versichert, daß er sich nie ein anderes Atelier wünsche!

Fr. v. Maih. So?! — So?! — Wissen Sie aber, daß ich bereue, ihm gerade dieses Local angewiesen zu haben?

Timm. Ich begreife nicht!

Fr. v. Maih. Doch ist's zum Theil Ihre Schuld. — Sie hätten mich auf das gerade für Sie Gefährliche dieser Anordnung aufmerksam machen sollen! —

Timm. Gefährlich? — Für mich? —

Fr. v. Maih. Der Bildhauer Steinwald ist ein schöner junger Mann, und Sie haben eine Tochter von sechzehn Jahren, die beiden jungen Leute sehen sich nun wohl oft; wenn man daraus — — Sie verstehen mich! — oder wäre vielleicht für Sie selbst der junge Künstler ein willkommener Schwiegersohn? —

Timm. Oh! Oh! — Ew. Gnaden was für ein Gedanke! Meine Tochter ist die pure Natur und ein Künstler so ein windiger Bursch — nichts Solides — nichts Beständiges! —

Fr. v. Maih. (gereizt). Ja, leichtsinnig — flatterhaft — unbeständig — rücksichtslos bis zur Undankbarkeit — das ist er — (sich besinnend) das sind die Künstler, wollte ich sagen! —

Timm. Ueberdieß habe ich auch schon über die Hand meiner Tochter anderweitig verfügt! — Sie ist schon so viel als Braut — und nur von Ew. Gnaden hängt es ab, ob die projectirte Verbindung wirklich zu Stande kommen kann! —

Fr. v. Maih. (freudig). Von mir? —

Timm. Ja! — Ich habe nämlich die Absicht, meine Tochter mit meinem alten Freunde Hornfels zu vermälen.

Fr. v. Maih. Hornfels? — Derselbe, der sich um die Försterstelle bewirbt?

Timm. Ew. Gnaden anzuwarten, und sobald er diese Anstellung erhält, ist er mein Schwiegersohn! — Ew. Gnaden, wenn vielleicht in gnädiger Berücksichtigung meiner vieljährigen treuen Dienste meine Tochter auf diese Weise versorgt würde —

Fr. v. Maih. (für sich). Das Mädchen ist also Braut — man scheint mich doch falsch berichtet zu haben! — Aber vielleicht irrt man sich in der Persönlichkeit — wenn eine Andere — ich muß in dieser Sache Licht bekommen!

Timm. Also darf mein Freund Hornfels hoffen? —

Fr. v. Maih. Ueber Ihre Angelegen-
heit später — doch jener Bildhauer — ich
wünsche nähere Erkundigungen über ihn
einzuziehen; kennen Sie Jemand, der sich
seines besondern Vertrauens erfreut? —

Timm. Ja, da wüßt' ich wohl Einen!

Fr. v. Maih. (hastig). Wer ist's? —

Timm. Es ist ein Metallgießer, ein
Vetter von ihm, der ihn überall hin begleitet! —

Fr. v. Maih. Wirklich? —Man müßte
also mit dem Manne sprechen, oder viel-
mehr — ihn sprechen machen!

Timm. Das wird wohl ein wenig schwer
halten, denn der Mann hat einen so plum-
pen Stolz auf sein Metier, daß er das
Recht zu haben glaubt, gegen jeden Menschen grob zu sein! —

Fr. v. Maih. Pah! — Mir gegenüber! —

Timm. Wie? — Ew. Gnaden wollten
eigenhändig mit ihm reden! —

Fr. v. Maih. Ja, ja; bestellen Sie ihn
nur zu mir so bald als möglich!

Timm. Er ist g'rab im Schlosse bei
unserm Cassier — wenn Ew. Gnaden
durchaus befehlen — aber wie gesagt —
ich fürchte — —

Fr. v. Maih. Sagen Sie ihm, daß ich
ihn zu sprechen wünsche, — sogleich! —

Timm. In einer Minute soll er da
sein! — (Ab durch die Mitte.)

Fr. v. Maih. (allein). Der Mann ist
also sein Vertrauter! — Eingebildet und
dabei plump und derb — also ein Bär,
den man mit Honig fangen muß, der sich
aber dann den Ring durch die Nase ziehen
läßt und tanzt, wie man ihm den Tact
schlägt! — Gerade ein Solcher ist für
meinen Plan das beste Werkzeug! — Ich
muß um jeden Preis Gewißheit haben.

Dritte Scene.

Frau v. Maihold. Timmel. Hartinger.

Timm. (tritt mit Hartinger durch die Mitte
ein). Da ist Herr Hartinger, wie Ew. Gnaden befohlen haben! —

Hart. (eine derbe Figur im Lederschurz).
Befehlen?! — (Zu Timmel.) Sie haben mir
gesagt, die gnädige Frau laßt mich recht
schön bitten! —

Fr. v. Maih. Ja, ja, so ist es auch, ich
ließ Sie bitten! —

Hart. Ah, das ist eine Red'! — denn
befehlen — das Stück spielen sie bei mir
nicht! — Na, da bin ich — was wollen
Sie? —

Fr. v. Maih. Lassen Sie mich mit
Herrn Hartinger allein!

Timm. (verneigt sich und geht durch die
Mitte ab).

Fr. v. Maih. Herr Hartinger, ich habe
so viel von Ihrer Meisterschaft gehört! —

Hart. Gehört? — Das ist nichts! —
Sehen müssen Sie was von mir, nachher
wird Ihnen das Gesicht auseinander-
gehen! —

Fr. v. Maih. (sich zum Lächeln zwingend).
Sie haben eine Ausdrucksweise, die, wie soll
ich sagen — —

Hart. Ein bischen derb is!? — Ja,
das ist mein Stolz!

Fr. v. Maih. Ihr Stolz?

Hart. Ja! — meine Ansicht ist die: —
Jeder soll es in seinem Geschäft so weit
bringen, daß er bei all' seiner Grobheit von
den Leuten doch aufgesucht wird, denn dann
ist etwas an ihm! — Und ich — ich bin
einmal ein Steyrer — und darauf bin ich
stolz! —

Fr. v. Maih. Haha! — Sie unter-
halten mich!

Hart. Na, deswegen bin ich just nicht
da! — Wenn Sie vielleicht glauben, daß
ich nichts Besseres zu thun hab', als Ihnen
Spaß zu machen —

Fr. v. Maih. Nein, nein, lieber Meister, im Gegentheil, ich wünsche sehr Ernstes mit Ihnen zu besprechen.

Hart. Na, so reden Sie, denn ich soll schon wieder in meiner Gießerei sein!

Fr. v. Maih. Wie ich hörte, sind Sie verwandt mit dem Bildhauer Herrn Steinwald?

Hart. Ja, ich bin sein leiblicher Vetter! Das ist der einzige Mensch, gegen den ich niemals grob war — das will was sagen! Mein Vetter ist ein Mensch, der nicht nur im Guß vollkommen gerathen, sondern auch vortrefflich eiselirt ist!

Fr. v. Maih. Um so mehr bedaure ich, daß Gerüchte über seinen Lebenswandel im Umlauf sind —

Hart. Gerüchte? — Was sind das für Gerüchte — wo laufen sie herum? — Mordigall und Schwernoth!

Fr. v. Maih. (fast furchtsam). Lieber Mann, bedenken Sie, wo Sie sind!

Hart. Ist mir alleseins! — Sie werden mir gleich sagen, was das für Alteweiberplauschereien sind, oder ich mache ein Spectakel, daß das ganze Haus zusammenläuft!

Fr. v. Maih. Beruhigen Sie sich doch, man spricht nur von leichtsinnigen Liebesverhältnissen!

Hart. Leichtsinnig? — Das ist eine Lüge! — Er ist eher vor lauter Liebe tiefsinnig!

Fr. v. Maih. (für sich). Es gelingt! — Ich bringe ihn zum Sprechen! (Laut.) Es sind wohl Hindernisse? — Wahrscheinlich ein Standesunterschied?

Hart. Ja, mein Vetter ist ein Künstler und ein gescheidter Mann, und der Vater von dem Mädel ist ein Dummkopf — das ist der Standesunterschied!

Fr. v. Maih. Der Vater? — Das Mädel hat also einen Vater?

Hart. Versteht sich, wie könnte sie denn sonst auf der Welt sein!

Fr. v. Maih. Und dieser will von der Liebe nichts wissen!

Hart. Er kann nichts wissen, es ist ja ein ganz geheimes Verhältniß!

Fr. v. Mach. (für sich). Also doch! — (Laut.) Ich weiß, die Zusammenkünfte finden im Gärtchen des Jagdschlosses Statt.

Hart. (sie groß ansehend). Sie wissen das? — Na, auf unser Geheimniß dürfen wir stolz sein!

Fr. v. Maih. Ich weiß Alles — nur das Eine nicht, ob Ihr Vetter auch redliche Absichten mit dem Mädchen hat!

Hart. Wir haben nie andere — als redliche Absichten, das ist unser Stolz!

Fr. v. Maih. (aufgeregt). Also eine Heirat?

Hart. Ja, wir heiraten sie auf jeden Fall!

Fr. v. Maih. Das freut mich — freut mich ungemein.

Hart. Uns freut es auch!

Fr. v. Maih. Aber wie denken Sie denn den Vater zur Einwilligung zu bringen?

Hart. Da muß der Herr Graf herhalten! — Wenn mein Vetter mit all' seinen Arbeiten fertig ist, wird er sich das von ihm ausbitten; der Herr Graf wird mit dem Alten reden —

Fr. v. Maih. In der That ganz gut ausgedacht! — Ich bin Ihnen für Ihre Mittheilung sehr dankbar!

Hart. Für meine Mittheilung? (Für sich.) Teufel, ich habe doch nicht am Ende zu viel geredet? — Ich — ich habe nichts verrathen, das müssen Euer Gnaden als ehrlicher Mann selber sagen!

Fr. v. Maih. Nein, nein, ich wußte bereits Alles!

Hart. Denn ich kann, Gott sei Dank, Geheimnisse bewahren — das ist mein Stolz!

Fr. v. Maih. Das will ich erproben! Ich begehre von Ihnen, daß Sie gegen Ihren Vetter über unsere Unterredung das strengste Stillschweigen beobachten! — Versprechen Sie mir das?

Hart. (zögernd). Ja, warum?

Fr. v. Maih. Ich schwöre Ihnen, daß es schon lange meine Absicht war, ihm zu seinem Glücke zu verhelfen und ihn dadurch zu überraschen, daß ich ihm seine Geliebte als Braut entgegenführe!

Hart. Was, Euer Gnaden — Sie wollen das?

Fr. v. Maih. Bei meiner Ehre!

Hart. (entzückt). Euer Gnaden — meiner Seel' — Euer Gnaden sind ein lieber Narr!

Fr. v. Maih. Nun gehen Sie — gehen Sie — aber Verschwiegenheit!

Hart. O Gott, ein Karpfen soll eine Plaudertasche gegen mich sein! — Am Ende habe ich jetzt das Glück meines Vetters gegründet! — Wann er das erfährt, das wird eine Seligkeit sein! — Behüt' Sie Gott, Euer Gnaden! (Wirft ihr noch an der Thür einen Kuß zu.) Bah! — Euer Gnaden sind ein lieber Kerl! (Ab.)

Fr. v. Maih. (allein). Nun, da hätte ich Gewißheit! — Eine Liebe — eine sehr ernste Liebe ist das, die ihn, seit er hier auf dem Gute ist, fern von mir hält — von mir — (fast weinend) die ihm den Weg zu seinem Glücke, zu seinem Ruhme gebahnt! Dieser Undank erstickt den ganzen Keim von Liebe in meiner Brust und verwandelt sie in Haß! — Und stehe ich denn ohnmächtig! — Nein! — Wie ich die Macht hatte, ihn zu heben, so vermag ich nun ihn zu stürzen, seinen Künstlerruhm, wie sein Lebensglück zu vernichten! — Er gab mich auf als seine Freundin — wohlan, so soll er nun vor seiner Feindin zittern!

Vierte Scene.

Fr. v. Maihold. Timmel. Hornfels.

Tim. mit Hornf. (durch die Mitte). Euer Gnaden!

Fr. v. Maih. Ah, eben recht! — Ist dieß Herr Hornfels?

Hornf. (vortretend). Zu Befehl, Euer Gnaden!

Fr. v. Maih. Herr Hornfels, Sie sollen die gewünschte Försterstelle erhalten, doch nur unter einer Bedingung!

Hornf. Ich werde jede erfüllen!

Fr. v. Maih. Die Verhältnisse erfordern, daß der neue Förster sich unverzüglich auf seinen Posten, auf das Gut in Böhmen begebe, deshalb setze ich die Bedingung, daß Sie sich heute, heute noch mit Timmel's Tochter vermählen und unmittelbar nach diesem Acte mit Ihrer Frau nach dem Orte Ihrer Anstellung abreisen!

Tim. Heute noch? — Aber gnädige Frau! — Es ist schon spät Nachmittag — die Pfarre, wo die Trauung vor sich gehen müßte, ist zwei Stunden weit von hier entfernt — und ich hätte doch auch gewünscht, daß die Hochzeit meiner einzigen Tochter nicht so ganz ohne alle Festlichkeit vor sich gehe!

Fr. v. Maih. Was hindert Sie, dieß zu veranstalten? — Ob das Fest vor oder nach der Trauung stattfindet, ist wohl gleich! Sie laden Ihre Gäste, die doch sämmtlich hier auf dem Gute leben, für den Abend zu sich, veranstalten in Ihrem Hause ein kleines Fest, und dann fahren Sie mit dem Brautpaar hinüber nach Holbach zum Pfarrer, der durch mich angewiesen sein soll, die Trauung noch in den Abendstunden vorzunehmen!

Tim. Ach, Euer Gnaden wissen doch für Alles Rath! Ja, ja, so geht es! — O es wird ganz famos lustig hergehen — ich lade die ganze Ortschaft ein!

Fr. v. Maih. So eilen Sie, Ihre Vorbereitungen zu treffen! — Doch, noch Eines! — Ich befehle Ihnen, gegen den Bildhauer Steinwald vor der Hand zu schweigen!

Tim. So?!? — Ich habe ihn mit seinen Leuten auch dazu einladen wollen.

Fr. v. Maih. Ihn dazu einzuladen übernehme ich selbst!

Tim. Wie? — Euer Gnaden?

Fr. v. Maih. Ja — es bietet sich mir die beste Gelegenheit! — Der Graf ist für die heutige Nacht zu einem Feste auf dem nächsten Gute geladen; da sein Weg ihn an dem Jagdschloß vorüberführt, will er dort das Atelier besuchen, um zu sehen, wie weit die Arbeiten gediehen sind — ich werde ihn dahin begleiten und dann dem Verlobungsfeste in Ihrem Hause beiwohnen!

Horuf. und Tim. Euer Gnaden — diese Güte —

Fr. v. Maih. Lassen Sie das! — (Sarkastisch.) Ich fühle es in diesem Augenblicke, daß man sich selbst dient, wenn man fremdes Glück begründet! — Auf Wiedersehen! (Ab.)

Tim. (zu Hornfels). Na, was habe ich gesagt?

Horuf. Ja, das ging überraschend schnell!

Tim. O, diese Frau ist ein Engel, wenn sie will! Es lebe die Frau von Maihold!

Hornf. (schreit). Vivat!

Tim. Still — um Gottes willen — schrei' nicht so und komm' — wir haben alle Hände voll zu thun! (Ab mit Hornfels durch die Mitte.)

Verwandlung.

(Gothischer Saal im Jagdschlosse, zum Bildhauer-Atelier eingerichtet. Mit Tüchern verhängte Fenster, Modelle, halbvollendete Statuen 2c. 2c. Zwei Mittel- und zwei Seitenthüren. Im Vordergrund links ein Tisch mit Malergeräthe, Zeichnungen, Schreibzeug 2c. 2c.

Fünfte Scene.

Robert Sturmvogel (in sehr vernachlässigtem Anzuge tritt durch die Mitte ein).

Entrée-Lied.

Ich leide am Weltschmerz, wie kann's anders sein?
Mich drückt's und mich zwängt's, denn die Welt ist mir z'klein!
Ist das eine Welt, wo bis zu dem Yankee
Bequem in zwölf Stunden man hindampft zur See?

Wo man, wenn in London Bekannte man hat,
Zu Wien sich hinstellt zum electrischen Draht,
Und fragt: »Sie befinden sich?« Und kaum 'ne Stund' —
Ist d'Antwort da: »Dank' schön — ich bin sehr gesund!«
Und diese Welt heißt man dann groß? Nein, o nein!
Die Welt ist mir z'klein!

Oft hört man auch sagen: Dort, in dem Salon
War nur große Welt da, vom feinsten Bonton.
Ist diese Welt groß, wo ein Jeder sich bückt,
Mit dem Mund süßlich lacht, wenn ihn Haß fast erdrückt?
Wo Wahrheit nichts gilt, nur Alles der Schein,
Wo Kleider mehr gelten, als d'Leut, die d'rin sein?
Wo Mancher, der sonst großer Herr zu sein meint,
Vor Größer'n als kleiner Bedienter erscheint?
Und diese Welt heißt man dann groß? Nein, o nein!
Die Welt ist mir z'klein!

Ein And'rer ruft wieder, von Lieb' ganz beseelt:
»Ach, meine Geliebte — sie ist meine Welt!«
Ein Mädl, und wär' sie auch unerhört schön,
Doch alle Tag' 's nämliche G'sicht nur zu seh'n,
Und das meine Welt! — Na, das träfe wohl ein,
Doch ich würd' ein zweiter Columbus bald sein,
Würd' mit vollen Segeln bald weit hinaussteuern —
Um zu einer Welt z'kommen, zu einer neuern —

Denn ein Mädel nur meine Welt? Nein,
o nein!
Die Welt wär' mir z'klein!

Ja, die Welt kann nur für einen kleinen Geist groß genug sein, großen Geistern ist sie aber viel zu klein, denn sie stoßen meistens überall an! — Die Welt ist für's Erste zu klein nach der Länge zu, daher kommt es, daß, wenn man sich ein bißchen ein fernes Ziel gesetzt hat, man meistens früher aus der Welt draußen ist, ehe man noch zu seinem Ziele kommt; sie ist aber auch zu klein nach der Höhe zu, also niedrig, denn um ungehindert in der Welt fortzukommen, darf man nie aufrecht gehen, sondern man muß immerfort kriechen; wenn nun also bewiesen ist, daß die Welt in jeder Beziehung zu klein ist, wie klein müssen da nicht erst die Menschen sein, die sich zu Sclaven dieser Welt und ihrer Meinungen machen und die bei all' ihren Handlungen weit weniger fragen: »Was wird Gott,« als: »Was wird die Welt dazu sagen!?« — So bin ich nicht und werde ich nicht sein. Ich füge mich dem Regime der Welt nicht, ich frage nicht nach ihr, ich schicke ihr meine Unabhängigkeitserklärung zu — und will für mich selbst ganz allein meine eigene Welt sein! — Und warum nicht? — Ich kann mich mit allen nöthigen Eigenschaften eines Weltkörpers ausweisen, ich habe meine eigenen Pole; der Norden ist mein Kopf, da wohnt der kalte Verstand, der Süden ist mein Herz, da glüht's, denn da ist alle Augenblick eine andere Flamme! Ferner habe ich meine eigene Achse, das ist mein Magen, denn um den dreht sich am Ende denn doch Alles!

Sechste Scene.

Robert. Richard Steinwald.

Rich. (in der Arbeitsblouse aus der Seitenthür links).
Rob. Ah, da ist ja der, den ich suche, Richard!

Rich. Wer ist — — mein Gott — seh' ich recht — Robert!?

Rob. Ja, Du siehst recht, wenngleich an mir nicht viel Rechtes mehr zu sehen ist!

Rich. Herzlich willkommen! (Will auf ihn zu.)

Rob. Halt — sieh mich erst noch einmal an — und dann erst sprich mich an!

Rich. Was soll ich denn an Dir sehen? Dein Anzug ist eben kein Mode-Journal!

Rob. Eben deshalb; manche meiner Freunde glaubten, weil meine Kleider zerrissen sind, so wäre mit diesen auch unser Freundschaftsbündniß zerrissen und sprachen mich mit so einem gewissen über die Achsel geworfenen Blick per »Sie«, mitunter auch wohl gar per »Er« an; Du aber, Du duzest mich noch, und das beweist mir, daß Du nicht zu den Dutzend-Freunden gehörst, sondern immer noch der Alte bist, und darum komm' an dieses Herz, welches immer noch das junge ist!

Rich. (ihn herzlich umarmend). Mein Schulcamerad!

Rob. Ja, ich war eine Zeit lang dein Schulcamerad, dann aber kamst Du mir etwas vor; denn ich vollendete meine Studien immer so ausgezeichnet, daß ich jeden Cursus auf besonderes Verlangen meiner Professoren immer drei- bis viermal wiederholen mußte!

Rich. Ja, Du warst ein lockerer Bursche, der nirgends gut thun wollte!

Rob. Aber Gott sei Dank, auch nie etwas Schlechtes gethan hat!

Rich. Das wußte ich und darum hatte ich Dich auch immer lieb! Du warst ein flottes, fideles Haus, unbekümmert um die Zukunft, nur dem Augenblicke lebend!

Rob. Und wenn einmal ein Augenblick kam, wo ich nichts zu leben hatte, da halfst Du aus! — Oder glaubst Du, ich habe die verschiedenen Zwanziger, die Du mir trotz deiner eigenen Beschränktheit geliehen hast, vergessen?

Rich. Pah! Sprich nicht davon!

Rob. Na, na, sei nur ruhig, ich zahle sie Dir nie zurück!

Rich. Aber nun sage doch, wie es Dir ergeht; wir haben uns jetzt seit mehr als zehn Jahren nicht gesehen!

Rob. Indeß bist Du ein Künstler geworden!

Rich. Nun — und Du?

Rob. Ich — ich bin auch ein Künstler!

Rich. Ein Künstler?

Rob. Versteht sich, denn keinen Stand und kein Geld haben, und dennoch in der Welt fortkommen, das ist gewiß eine große Kunst, und in dieser Kunst habe ich es zu einer bedeutenden Vollendung gebracht!

Rich. Du hast Dich also um gar keine Beschäftigung umgesehen?

Rob. Ja freilich, ich bin da draußen auf der Herrschaft Schreiber geworden! — O Gott, wenn ich in dieser Stellung geblieben wäre, ich könnte jetzt schon Rentmeister sein!

Rich. Ja, warum bist Du denn nicht geblieben?

Rob. Ich wäre ja geblieben, aber sie haben mich davongejagt!

Rich. Warum denn?

Rob. Ich habe mich zu viel auf die Philosophie verlegt — ich habe mich nämlich zu dem System des Diogenes bekannt, dessen liebster Aufenthalt bekanntlich ein Weinfaß war, und da traf mich der Amtmann gerade in dem Augenblicke, in welchem der Wirth eben im Ausziehen begriffen war, er wollte nämlich mir den Rock ausziehen, in Folge unberichtigter Zeche; darüber war nun der Amtmann außer sich, denn er sagte, es käme wohl vor, daß ein Herrschaftsbeamter andere Leute auszieht, aber selbst ausgezogen zu werden, das sei eine Schmach, über welche er nicht nur sich, sondern auch mich mit entsetzte!

Rich. Nun — und was treibst Du jetzt?

Rob. Jetzt bin ich Lastträger!

Rich. Lastträger?

Rob. Ja, ich trage fortwährend die allerschwerste Last mit mir im Sacke herum! Was stehst Du da?

Rich. Nichts!

Rob. Richtig — und das hat specifisch das allerschwerste Gewicht! — Correggio ist gestorben, weil er in seinem Sacke zu viel Kupfergeld herumtragen mußte, aber die Zahl Derer, die zu Grunde gegangen sind, weil sie in ihren Säcken nichts getragen haben, die hat noch kein Mathematiker berechnet!

Rich. Haha! — Du scheinst mir noch immer ein lockerer Strolch zu sein!

Rob. Ja, ich strolche etwas; aber wenn ich auch in Allem locker bin, in Einem bin ich doch fest — in der Anhänglichkeit an meine Freunde! — Es kommt immer nur darauf an, daß mich Einer an sich anhängen läßt — los bringt er mich dann so bald nicht mehr!

Rich. Nun, so hänge Dich nur immerhin getrost an mich; wo ich Dir helfen kann, soll es gerne geschehen! — Komm zu mir, wann Du willst: mein Tisch ist auch für Dich gedeckt!

Rob. Bravo! — Nur Gastfreundschaft, das ist die erste Tugend — ich bin auch sehr gastfreundlich, denn ich bin nie freundlicher, als wenn ich wo zu Gast bin!

Rich. Und fehlt es Dir an Geld — so lange ich welches habe, sollst Du nicht darben!

Rob. Richard, Du bist mein Richard Löwenherz, denn Du hast für mich das großmüthige Herz eines Löwen. Ich fühle mich aber auch gegen Dich so klein — so manzig — aber wer weiß, ein berühmter Geschichtschreiber erzählt auch von einer Maus, die einem Löwen wichtige Dienste geleistet hat — —

Rich. Ein Freund erweist keinen Dienst des Gegendienstes wegen — auch wüßte ich wahrhaftig nicht, worin Du mir dienen könntest.

Rob. Ein altes Sprichwort sagt: Hundert Freunde sind zu wenig — ein

Feind ist zu viel, und wenn dieser Feind nun obendrein noch eine Feindin ist! —

Rich. Feindin? — Wen meinst Du?

Rob. Ich habe meine Connaissancen hier im Schlosse — ein zärtliches Verhältniß mit einer herrschaftlichen Wäscherin, und durch sie erfuhr ich, daß die Frau von Maihold Dir nachspioniren läßt.

Rich. Wie? — Muß sich diese Frau durch ein solches Betragen noch selbst erniedrigen? — Höre mich an: Ich lernte, als ich noch ein wenig gekannter Künstler war, diese Dame in der Residenz kennen — sie war eine Witwe von achtzehn Jahren, ihre Schönheit, ihr Geist zogen mich an — sie sprach von dem alten Grafen nur als von ihrem Oheim!

Rob. Oheim? (Niest.) Hahzi! — Helf' Gott, daß es wahr ist! Geh' heim mit dem Oheim!

Rich. Sie empfahl mich ihm, der als einer der ersten Kunst-Mäcene bekannt ist; um die Bildwerke, die zur Verschönerung dieses Schlosses bestimmt sind, zu vollenden, begab ich mich auf dieses Gut, wo ich aber bald die wahren Aufschlüsse über den Charakter dieser Frau erhielt. Ich erfuhr, daß sie, während sie mich immer mehr in ihre Netze zu verstricken suchte, zugleich Alles aufbiete, um den alten Grafen zu bestimmen, ihr seine Hand zu reichen! — Diese Erfahrung heilte mich von meiner Verblendung und mein Herz wandte sich in wahrer inniger Liebe einem würdigeren Gegenstande zu!

Rob. Und nach alldem glaubst Du ohne Allianztruppen bestehen zu können? — Lieber Freund, glaube mir, ich versichere Dich, ein in vollem Galoppe mit blanken Schwertern aufsprengendes Kürassier-Regiment ist kein so gefährlicher Feind, als eine in ihrer Eitelkeit beleidigte, in ihrer Leidenschaft gereizte, sich aufgegeben sehende, rachebrütende Frau!

Rich. Was kann sie mir anhaben?

Rob. Sie vermag Alles über den Grafen!

Rich. Und bin ich etwa vom Grafen abhängig? Oder ist er im Stande, mein Talent zu schmälern?

Rob. Es ist eine recht schöne Sache um den Künstlerstolz, aber der Ruhm ist auch eine Gattung Glück, und hat dieselbe Mutter: »Die Gelegenheit.« — Jetzt und nur durch den Grafen hast Du Gelegenheit, bekannt zu werden, er ist gleichsam die erste Sprosse von der Leiter, die Dich zur Höhe tragen soll; wenn Einem aber gleich beim Hinaufsteigen die erste Sprosse unter den Füßen bricht, da liegt man oft Jahre lang mit gebrochenen Füßen auf der Erde und kommt gar nicht mehr zum Steigen!

Rich. (ernster). Deine Worte sind nicht ohne Gewicht — doch — sie wird es nicht wagen, den Grafen gegen mich zu stimmen, denn sie weiß, daß auch ich Waffen gegen sie in Händen habe — (zieht einen Brief aus der Brusttasche.)

Siebente Scene.

Vorige. Hartinger und Timmel.

Hart. (rasch eintretend). Jetzt frage ich, ob wir nicht Ursache haben, stolz zu sein!

Rich. Was habt Ihr denn wieder?

Hart. Wirst gleich hören! (Zu Timmel.) Reden Sie!

Rich. (sehr freundlich). Ah, Herr Guts-Inspector, was bringen Sie?

Tim. Ich komme nur so quasi als Herold, um einen für Sie sehr ehrenvollen, auszeichnenden Besuch anzumelden! — Der Herr Graf werden in wenigen Augenblicken hier sein!

Rich. Der Graf?!

Hart. (stolz). Ja — besucht uns! Wir werden ihn vorlassen!

Rich. Ich danke Ihnen, daß Sie mich auf den Besuch vorbereiten, ich bin noch in meinem Arbeitsanzuge, und eile, mich umzukleiden! (Zu Robert.) Aus dem Benehmen des Grafen werde ich ersehen, ob deine

Befürchtungen gegründet sind! — Bleibe nur hier! (Ab ins Nebenzimmer.)

Tim. (zu Hartinger). Nun, und Ihr werdet Euch doch auch ein bischen in Gala werfen und nicht so bleiben in dem rußigen Lederschurz!

Hart. Das ist mein schönster Schmuck, auf diesen Schurz habe ich mehr Ursache stolz zu sein, als Mancher auf seine goldgestickte Livrée, denn die ist meistens die Tracht der Faulheit; das Leder aber ist gleichsam ein Pergament und die schwarzen Rußflecken darauf sind das Wappen der Arbeitsamkeit. — Ich erscheine also vor dem Herrn Grafen in meinem Wappenrock!

Tim. Aber bedenkt doch — das Kleid macht den Mann!

Hart. Wenn das wahr wäre, so hätte unser Herrgott den ersten Menschen gleich im schwarzen Frack erschaffen und ihn nicht erst nach dem Sündenfall damit bestraft, daß er sich hat um Kleider umschauen müssen!

Achte Scene.

Vorige. Richard (kommt zurück in einem schwarzen Waffenrock).

Rich. Sie kommen! — Ich sah den Wagen am Fuße des Hügels halten! — Der Graf und Frau von Maihold —

Tim. Da muß ich ihnen entgegen! (Eilt ab.)

Rob. Die Maihold?! Das hat was zu bedeuten!

Hart. (für sich). Ich weiß schon was! O Gott, wann ich nur reden dürfte! — Richard, Vetter! Glücklicher Kerl!

Rich. Was habt Ihr denn?

Hart. Ich habe nichts — aber Du was Du heute noch leben wirst! —

Rich. Was denn?

Hart. Wenn Du wüßtest, was nebenan schon vorbereitet wird in Timmel's Wohnung —

Rich. (hastig). In Timmel's Wohnung? — Vetter, um Gottes willen, sprecht!

Hart. Es ist — ich habe — weil — hihihi! — Darf's nicht sagen!

Rich. Vetter! — Spannt mich nicht auf die Folter! — Was ist's?

Hart. Gib Dir keine Mühe — ich habe der Frau von Maihold mein Ehrenwort gegeben!

Rich. (erschreckt). Frau von Maihold? Und ein Vorgang in Timmel's Wohnung? Mein Gott, wenn ich nur jetzt fort könnte!

Rob. Ich kann fort und was der Herr Vetter nicht sagen darf, das werde ich drüben schon erfahren!

Hart. Wenn es der Herr erfährt und wenn es der Herr sagt, da habe ich nichts dagegen — aus mir bringt Ihr nichts heraus!

Rich. (zu Robert). So geh'! — eile — ich sterbe vor Ungeduld! — Doch still — ich höre kommen — geh' hier durch! (Auf's Nebenzimmer deutend.)

Neunte Scene.

Vorige. Timmel. Der Graf. Frau von Maihold. Einige Diener.

Graf (ein Mann in vorgerücktem Alter, von stolzer Haltung, tritt ein, Anna am Arm führend).

Diener (bleiben im Hintergrund stehen).

Rich. Herr Graf, ich fühle mich ebenso überrascht als geehrt durch Ihre Herablassung!

Graf. Ei, lieber Steinwald, kann der Besuch eines Tempels jemals Herablassung genannt werden? Mir war die Kunst immer eine hohe Göttin, und mein Streben, ihr würdige Altäre zu bauen.

Rich. Dann habe ich nur zu wünschen, daß Sie mich nicht als einen unwürdigen Priester erkennen mögen!

Graf. Ihre Werke werden mir den Grad Ihrer Weihe bezeichnen! — Erlauben Sie mir, einige derselben zu besichtigen!

Rich. Ich schätze mich glücklich, sie früher dem Auge eines so hohen Kenners zeigen zu dürfen, ehe ich sie dem Urtheile der

Oeffentlichkeit übergebe. (Zieht im Hintergrunde einen Vorhang weg und zeigt eine Marmorgruppe, die von lebenden Figuren gestellt sein und von oben das Licht erhalten muß.)

Graf. Ah, siehe da — die Najaden für die Fontaine? (Tritt zu der Gruppe.)

Rich. (folgt dem Grafen in den Hintergrund).

Fr. v. Maih. (winkt heimlich Hartinger zu sich). Sie haben doch reinen Mund gehalten?

Hart. Er hat gar keine Ahnung!

Fr. v. Maih. Die Stunde der Ueberraschung ist nicht fern!

Hart. Ich weiß! — Drüben in der Küche des Inspectors wird schon gekocht und gebraten! — Musikanten sind auch schon angekommen!

Fr. v. Maih. (für sich). Es soll eine Musik werden, die ihm, so lange er lebt, in den Ohren gellen soll! — (Tritt in den Hintergrund und lorgnettirt die Marmorgruppe.)

Hart. (für sich). Ist das ein lieber Schatz, diese Frau!

Graf. In der That, sehr gelungen! — (Tritt vor.) Doch jener Auftrag, der mir am meisten am Herzen liegt — das Standbild meines Ahnherrn, welches, in Erz gegossen, das Parterre meines Parkes schmücken soll, wie weit sind Sie mit diesem?

Hart. (für sich). Aha, jetzt kommt die Reihe an mich! (Laut.) Sorgen Sie nicht, Herr Graf, es ist Alles schon hergerichtet; in zwei Tagen ist der Herr Ahnl gegossen wie nichts!

Graf. Wer ist dieser Mann?

Rich. Der Metallgießer Hartinger! — Ich würde seine besondere Geschicklichkeit rühmen, wenn mir, als seinem Vetter, dieß zustünde.

Hart. Macht nichts! — Kannst mich deswegen schon herausstreichen, ich lasse auch nichts über Dich kommen! (Lachend.) Ja, ich sage Ihnen, Herr Graf, wir sind ein paar Mordkerle!

Graf (zu Richard, lächelnd). Ah, Sie erzählten mir ja schon von dem Manne, (leise) wahrhaftig, ein origineller Kauz! (Zu Hartinger, freundlich.) Es freut mich, Sie kennen zu lernen!

Hart. Mich freut es auch! — Der Herr Graf sind wirklich ein recht charmanter Mann!

Graf. Es bedarf wohl vieler Erfahrungen und besonderer Aufmerksamkeit, um den Guß eines Kunstwerkes makellos zu vollenden?

Hart. Na, wann's erlauben! — Wenn ein Anderer über Ihren Ahnherrn kommt, geben Sie Acht, so wird ein Dalk daraus!

Rich. (verweisend). Aber Vetter!

Graf. Hahaha! — Der Mann gefällt mir in seiner derben Natürlichkeit! (Zu Hartinger.) Ihr seid Eurer Sache aber sicher?

Hart. Ist mir noch nichts mißrathen; werde ich mir an der Nuß auch keinen Zahn ausbrechen!

Graf (zu Richard). Hoffen Sie wohl den Guß in zwei Tagen vollenden zu können?

Rich. Ja, Herr Graf!

Graf. Es findet in zwei Tagen auf meinem Schlosse ein großes Fest statt; die feierliche Enthüllung des Monumentes, welches ich dem Gründer unseres Stammes setzen lasse, dürfte der würdigste und schönste Beginn dieses für mich sehr bedeutungsvollen Festes sein! (Mit einem zärtlichen Blick auf Frau von Maihold.)

Rich. Ich werde keine Mühe scheuen, Ihrem Wunsche nachzukommen!

Graf. Es ist für Sie selbst, für Ihren Ruhm und Ihre fernere Stellung von Wichtigkeit! — Es werden an diesem Tage die höchsten und einflußreichsten Persönlichkeiten meine Gäste sein! — Haben Sie den Muth, vor einem solchen Kreise Ihr Werk vorzuführen?

Rich. Ja, Herr Graf!

Graf. Ihr Selbstvertrauen gefällt mir! Nun denn, Glück auf, junger Meister, und auch Euch wünsche ich dieß, mein wackerer Gießer! — Glück auf!

Hart. Danke recht schön, wünsche gleichfalls!

Graf. Wenn das Werk gelingt, werden Sie den reichsten Lohn finden und Ihr (zu Hartinger) Ihr sollt Euch von mir eine besondere Gnade ausbitten.

Hart. Ich werde so frei sein! —

Graf. Doch nun muß ich Sie verlassen! — Eine Einladung ruft mich zu einem Feste auf dem Nachbargute, von welchem ich wohl erst morgen früh zurückkommen werde; ich hoffe Sie vor dem Feste noch bei mir zu sehen!

Rich. Das dürfte wohl kaum möglich sein, denn ich werde mich kaum auf einige Minuten aus der Gießerei entfernen können! —

Hart. Und dann, Herr Graf, nehmen Sie es mir nicht übel, aber wenn man einen solchen Herrn, wie Sie sind, besuchen will, so ist das eine Fretterei — nicht zum Aushalten! — Da muß man oft einen halben Tag im Vorzimmer warten, bis man von einem gnädigen Herrn Bedienten gemeldet wird! —

Graf. Dem ist gleich abgeholfen! — (Wendet sich gegen die Diener.) Wenn Herr Steinwald oder auch dieser Mann mich zu sprechen wünschen, so genügt die Nennung ihres Namens, um sie zu jeder Zeit bei mir vorzulassen! — Nun Gott befohlen, meine Lieben! — (Bietet Frau v. Maihold den Arm.)

Fr. v. Maih. (bedeutungsvoll zu Richard.) Wir sehen uns heute noch, Adieu!

Rich. (verwundert). Heute noch?!

Hart. (pfiffig). Ich verstehe! —

(Der Graf mit Anna und den Dienern ab.)

Rich. Heute — heute noch sie sehen? — Was kann sie von mir wollen? — Doch fort jetzt mit allen anderen Gedanken — mich darf und soll nur Eines beschäftigen — die Vollendung meines Werkes! — Ich kann nicht sagen, mit welcher Bangigkeit ich diesmal an den Guß schreite! —

Hart. Ah, was bang sein! — Ich bin da, und wenn ich einmal sage, ich bin da — —

Zehnte Scene.

Vorige. Robert.

Rob. (eilt erschöpft und bald athemlos bei den letzten Worten Hartinger's zur Thüre herein). Dann ist die Dummheit fertig. — Richard. was habe ich gehört! —

Rich. Was? — Um des Himmels willen, was? —

Rob. Mir schwindelt noch der Kopf, ich weiß gar nicht, an was ich zuerst denken soll! (Geht dabei in höchster Aufregung im Zimmer auf und nieder.)

Hart. Aber was treibt Ihr denn? —

Rob. Geh't nur Ihr mir aus'm Weg, oder ich zerreiße Euch! —

Hart. Mensch, wißt Ihr, wer vor Euch steht? —

Rob. Ja wohl, das größte Pracht-Exemplar von einem Riesen-Stockfisch!

Hart. (verblüfft zurückprallend). Ah, da hab' ich Respect, der ist noch gröber als ich!

Rob. (zu Richard). Stelle Dir vor, er erzählte der Frau v. Maihold von deinem Liebesverhältniß zu Minna!

Rich. (erschreckt). Wie, Vetter, das habt Ihr gethan?

Hart. Ja, das ist mein Stolz!

Rich. Unglückseliger! —

Hart. Aber warte nur — was nachkommt!

Rob. Die Folge davon ist, daß d'rüben bei Timmel schon Alles zu Minna's Hochzeit vorbereitet wird. —

Rich. Herr des Himmels!

Hart. (lachend). Ja, aber warte nur, was nachkommt! (Zu Robert.) Wer der Bräutigam ist, sagen Sie ihm — ich darf nicht! —

Rob. Der Bräutigam ist ein alter Förster, der noch heute deine himmlische Timmel'sche in's Böhmische übersetzen wird! —

Rich. (verzweifelnd). Was sagst Du?

Hart. (verplex). Das ist ja — nicht möglich! —

Rob. Nicht möglich? — Da — da seht her! (Zieht einen Brief hervor.)

Rich. (nimmt den Brief). An mich? —
Die Schrift der Frau v. Maihold.

Rob. Sie erblickte mich, als ich hieher-
ging, winkte mir und sagte mir mit einem
Lächeln ganz à la Satanella, ich soll Dir
dies Billet übergeben! — Herr Gott, ich
habe einen Zorn, ich könnte den Menschen
zerreißen!

Hart. Das ist ein strohdummer Kerl!

Rich. (hat den Brief geöffnet). Ha! —
Grenzenlose Bosheit, die mich noch ver-
höhnt! Sie ladet mich ein, dem Hochzeits-
feste beizuwohnen. Also wahr — wahr —
Vetter — das ist euer Werk! (Sinkt in einen
Stuhl.)

Hart. (bestürzt). Richard! Mein Gott,
er ist ohnmächtig — und ich — bin Schuld
an seinem Unglück! Richard, ich bitte
Dich, schlag die Augen auf — oder schlag'
mich nieder! — Aber nein, warte — erst
muß sie verbluten! — Wo ist mein Schür-
haken! —

Rob. (hält ihn zurück). Halt! — Verderbt
nicht noch mehr! Da hilft keine Gewalt —
ich werde helfen! —

Rich. (zu Robert). Mein Himmel, was
kannst Du thun? —

Rob. Ich habe schon sehr viel gethan!
— Ich habe bereits mit Minna gesprochen
und einen förmlichen Schlachtplan entwor-
fen, und wenn Du mir in Allem blindlings
folgst, so stehe ich Dir dafür, daß heute aus
der Hochzeit nichts wird, und wenn sich die
Frau v. Maihold auf den Kopf stellt.

Hart. Das muß fürchterlich sein.

Rich. O so rathe, handle, denn ich selbst
bin jetzt keiner Ueberlegung fähig!

Hart. Wenn Sie mich vielleicht auch
zu etwas brauchen können, — ich gestehe
zwar ein, ich bin ein Rhinozeros! —

Rob. Macht nichts! — Hannibal hat
auch Elephanten zu seinen Römerkriegen
verwendet! — Also kommt, Kinder, Ihr
seid meine Armee! Jetzt hineingestürzt in
den Strudel der Ereignisse, noch ist es zwar
zweifelhaft, ob es ein Strudel ist, gefüllt
mit den süßen Rosinen von Liebesglück,
oder aber ein Strudel, der das Schiff unserer Hoffnungen hinabreißt in den unend-
lichen Wasserschlund, — ein Strudel aber
ist es auf jeden Fall, und gerade im Strudel ist mir wohl! — Kommt, Kinder, Arm
in Arm mit Euch, so fordere ich mein Jahrhundert in die Schranken! (Hängt sich in
Richard's und Hartinger's Arm und eilt mit
ihnen ab.)

Eilfte Scene.

Verwandlung.

(Garten beim Jagdschlosse; seitwärts ein Tract
mit beleuchteten Fenstern; der Garten ist mit
farbigen Lampen beleuchtet. Im Vordergrunde
eine Laube. Im Hintergrunde läuft eine ziem-
lich hohe Mauer über die Bühne, in deren Mitte
sich das Eingangsthor befindet. vor welchem
eine Kalesche steht, so daß man den Kutscher
Wenzel auf dem Kutschbock sieht. — Sobald
die Verwandlung vor sich gegangen, tritt Timmel aus dem Hause.)

Timmel (in's Haus rechts zurücksprechend).
Bravo! — Benutzt die kurze Zeit so gut
als möglich! Wir müssen leider das Fest
bald beschließen, damit das Brautpaar nicht
gar zu spät zur Trauung in die Pfarre
nach Hohlbach hinüber kommt! — (Tritt
vor.) Froh bin ich, daß ich das Mädel unter die Haube bringe! — Wer hätte das
vermuthet, was mir jetzt erst die gnädige
Frau erzählt hat! — Darum ihre Thränen
— darum das Weigern! Aber jetzt
scheint sie ruhiger geworden zu sein. Sie
sitzt d'rin ganz still neben ihrem Bräutigam!
— Ich lasse sie nicht mehr aus den Augen,
bis der Pfarrer ihre Hände in einander
gelegt hat, dann ist alle Gefahr vorbei! —
(Ab in's Haus)

Zwölfte Scene.

Robert mit Richard und Hartinger
(aus dem Hintergrunde). dann Wenzel.

Rob. Nur daher! Da ist keine Beleuch-
tung! (Zu Richard.) Du darfst nicht gesehen
werden! — Also, ist Euch mein Plan klar?

Rich. Ja — es ist wohl gewagt, aber
es gibt kein anderes Mittel als die Flucht!

Hart. Erklärt mir's noch einmal — mir geht die Geschichte noch nicht recht ein! —

Rob. Also gebt Acht! (Auf das Haus deutend.) Da drinnen im Hause des Inspectors Timmel ist das Verlobungsfest; Frau v. Maihold wohnt dem Feste in eigener Person bei. — Gleich nach dem Feste fahren Alle mit einander hinüber nach Wohlbach zur Trauung; der Wagen dort (gegen die Eingangsthür weisend) ist für das Brautpaar bestimmt; die übrigen Wägen für die Gäste stehen weiter rückwärts. Der Wagen ist eine herrschaftliche Equipage mit tüchtigen Rennern, die anderen Wägen sind aus dem Dorfe und bloß mit schwerfälligen Gäulen bespannt.

Hart. Aha! Jetzt begreife ich! — aber verstehen kann ich's noch immer nicht!

Rob. Der Kutscher, der den Herrschaftswagen führt, das ist der Wenzel, dem der Dienst bereits gekündet ist, und der morgen fort muß; den habe ich bereits für uns gewonnen; — aber da heißt es jetzt im wahren Sinne des Wortes: »Wer fahren will, muß schmieren!« —

Rich. Er soll fordern, was er will! —

Rob. (geht aus der Laube in den Hintergrund und ruft:) Herr Wenzel! —

Wenz. (steigt vom Bocke und kommt vor). Sind Sie schon da? —

Rob. Jetzt nur gleich den Hasen gespickt!

Wenz. Sind Sie der gnädige Herr, der statt meiner —

Rich. (drückt Wenzel eine Börse in die Hand). Hier, mein Freund!

Wenz. Ah, das is zu viel! — Küß' d'Hand!

Rob. Gelt, das ist mehr, als man Dir morgen auf'm Schloß ausgezahlt hätt'! — Jetzt schnell Mantel und Hut her!

Wenz. (gibt Richard seinen Mantel und Hut). Da is Alles, ich will von der verdammten Livrée nichts mehr wissen! (Links ab.)

Rob. (gibt Richard den Mantel und setzt ihm den Hut auf). So — jetzt setz' Du Dich

auf den Bock, und wenn der Hochzeitszug kommt, werde ich als Wagenthür-Aufmacher da sein und dafür sorgen, daß die Minna zuerst in den Wagen steigt! — Der Hartinger hat bei dieser Komödie eine ausgezeichnete Rolle! — Er sorgt dafür, daß bei dieser Gelegenheit der Bräutigam auf eine feine Manier eine Zeit lang angehalten wird!

Hart. (kratzt sich hinter den Ohren). Auf eine feine Manier? — Das wird schwer sein! — (Faßt einen Gedanken.) Hab' schon! — Der soll sich freuen! —

Rob. Wenn die Minna im Wagen ist, haust Du in die Pferde, und ehe die Andern zur Besinnung kommen, bist Du über die Ecke, dann schnell nach Erichsdorf zu meiner Muhme, die wird Dich gut aufnehmen! (Man hört im Hause Vivat rufen.) Sie kommen, jetzt, Hartinger, seid einmal g'scheidt, und macht wieder gut, was Ihr früher verdorben habt!

Hart. Sorgt Euch um mich nicht! (Zieht sich etwas zurück, und Richard setzt sich auf den Kutschenbock.)

Dreizehnte Scene.

Vorige. Der Brautzug.

(Dorfmusikanten. Bauernburschen mit Fackeln, weißgekleidete Mädchen mit Blumen ꝛc. ꝛc., dann Hornfels, Minna an der Hand führend, hinter ihnen Timmel mit Frau v. Maihold, dann Gäste, Jägerburschen ꝛc. ꝛc. aus dem Hause.)

Timm (nach der Musik). So! Jetzt nur geschwind in die Wägen! — Das Brautpaar zuerst!

Hornf. Steigen Sie ein, holdes Bräutchen! —

Rob. Darf ich bitten?! —

Minna (steigt in den Wagen).

Hart. (geht rasch auf Hornfels zu und führt ihn in den Vordergrund). Herr Oberst-Forstmeister, erlauben Sie, daß ich meinen allerunterthänigsten Glückwunsch —— (Schlägt ihn so auf den Hut, daß er ihm über die Ohren fällt, in demselben Moment fährt der Wagen fort.)

Hornf. Zu Hilfe! — Sapperment! — Was ist das? — Alle Teufel — wo ist denn der Wagen? —

Rob. Just is er fortgefahren, unterthänigst aufzuwarten! —

Hornf. Was? — Meine Braut! Halt! halt! — (Läuft in den Hintergrund.)

Timm. Meine Tochter! (Läuft in den Hintergrund.)

Hornf. Zu Pferde! — Zu Pferde! — (Ab mit den Jägern.)

Rob. (fällt Hartinger um den Hals). Es ist gelungen! Hartinger, Du bist ein ausgezeichneter Kerl!

(Allgemeine Verwirrung.)

(Der Vorhang fällt.)

Zweiter Act.

(Vorsaal im gräflichen Schlosse wie zu Anfang des ersten Actes.)

Erste Scene.

Man hört von außen durch einander sprechen, die Mittelthür öffnet sich, Anna v. Maihold tritt im Morgenanzug zuerst ein, nach ihr wird Minna halb ohnmächtig, bleich und wankend von einigen Dienerinnen hereingeführt, — unter den letzteren ist auch Kathi. Timmel folgt, dann Rudolf, Max, mehrere andere Jäger, Franz, James und ein Diener.

Anna (gebieterisch auf die Thür ihres Appartements weisend, zu den Dienern, welche Minna führen). Dort hinein! —

Minna (wird durch die Seitenthür abgeführt).

Timm. Werft das Ungeheuer in die Wolfsschlucht! — Ich bin so entsetzt, daß ich nicht einmal Kraft genug habe, um gehörig wüthen zu können! — (Sinkt in einen Fauteuil.)

Anna (für sich). Herr Timmel!

Timm. (mit matter Stimme). Befehlen, Ew. Gnaden!

Anna. Dieß Ereigniß muß dem Grafen mit Vorsicht mitgetheilt werden, darum übernehme ich es selbst! (Geht gegen die Thür des Grafen.)

Timm. Soll ich mit? —

Anna. Ja, Ihre Sache ist es vor Allen, auf Untersuchung und strenge Bestrafung der Schuldigen zu bringen.

Timm. Ja, ja, das will ich; oh, ich werde reden wie ein Advocat, verlassen Sie sich Ew. Gnaden ganz auf mich! (Ab mit Anna in des Grafen Zimmer.)

Jam. (zu Max). Aber sag' doch, was ist denn gescheh'n?

Max. Na, wie gestern beim Brautzug auf einmal die Braut abgefahren ist, da ist natürlich der Hornfels, der neue Förster, halb wüthend geworden!

Rud. Er ruft uns Jäger alle zusammen, und befiehlt aufzusitzen und uns nach allen Richtungen zu zerstreuen, damit wir die Flüchtigen einholen! — Ich und der Max, wir waren mit Hornfels; Ihr könnt Euch denken, wie der gehetzt hat — wir nur geflogen über Waldweg und Haide!

Max. Da — auf einmal — der Mond trat eben aus einer Wolke — —

Rud. Da sehen wir ein paar hundert Schritte vor uns auf der abgelegenen schlechten Straße, die nach Erichsdorf führt, einen Wagen über Stock und Stein fortrasen! — Wir d'rauf los und richtig erreichen wir ihn! — Wir halten die Pferde auf —

Max. Hornfels reitet an den Wagenschlag — richtig — sie ist d'rin!

Rud. Sie und der junge Bildhauer Steinwald. — Hornfels zieht wuthentbrannt seinen Hirschfänger — Steinwald wehrt sich — was weiter geschehen ist, hat man in der Dunkelheit der Nacht nicht genau sehen können.

Max. Aber auf einmal brüllt Hornfels wie ein angeschossener Eber, liegt am Boden und das Blut fließt ihm aus der Schulter heraus!

Rud. Jetzt fallen wir Zwei rücklings über Steinwald her — bringen ihn richtig zu Boden, binden ihm Hände und Füße und machen ihn dann rückwärts am Wassergetritt fest! — Hornfels' Wunde wurde in aller Eile verbunden, und so sind wir erst gegen Morgen wieder zurückgekommen. Hornfels haben wir gleich in der Badestube abgesetzt und den Bildhauer gleich im Gefängniß festgesetzt! —

Zweite Scene.

Vorige. Timmel (kommt zurück).

Rud. (geht ihm entgegen). Na, was sagt der Herr Graf?

Timm. Se. gräflichen Gnaden geruhen zu wüthen! —

Rud. und Mar. Ist das Alles? —

Timm. Er hat dem verwundeten Oberförster dreihundert Gulden anweisen lassen, Ihr Beide aber, die Ihr den Verbrecher eingebracht habt, bekommt jeder Fünfundzwanzig.

Rud. und Mar. Was?

Timm. Gulden nämlich — der Cassier wird Euch das Geld ausbezahlen! —

Rud. Wir lassen die Hand küssen! — Na, Cameraden, da machen wir uns Alle einen lustigen Tag! — Kommt mit! — (Ab mit Mar und den Jägern.)

Timm. (zu den Dienern). Und jetzt Ihr, Dienerschaft, die Ohren gespitzt! —

Jam. Sie befehlen?

Timm. Der Herr Graf ist über die Frechheit des jungen Bildhauers und über den Undank, womit dieser die Rechte der Gastfreundschaft mißbrauchte, so aufgebracht, daß er nichts mehr von ihm wissen, ja durch Niemand an ihn erinnert werden will!

Jam. Wie, aber wenn sein Vetter, der Metallgießer, kommen sollte? — Der Herr Graf hat gestern noch befohlen, ihn sogleich zu melden!

Timm. Davon hat es sein Abkommen! — Er wird überall kurzweg abgewiesen. — Was seid Ihr für Leute? — Ihr handelt im gräflichen Auftrage und wollt nicht einmal so einem Bengel Respect einflößen

können. Nehmt Euch an mir ein Beispiel! — Wenn er jetzt käme — —

Hart. (von außen). Ich muß hinein — ich muß zum Grafen —

Franz und Jam. Das ist er! —

Timm. (schnell und ängstlich). Ich laß mich empfehlen! — Ich hab' nothwendig mit meiner Tochter zu sprechen! (Links ab.)

Jam. Ich hab' ordentlich Angst!

Franz. Ah, was! Keckheit ist die nothwendigste Eigenschaft für einen Bedienten, stell' Du Dich an die Thür, ich stell' mich an die Thür des Grafen. (Sie thun es.)

Dritte Scene.

Vorige. Hartinger (kommt aufgeregt durch die Mitte).

Hart. Ach — Luft — Luft — was ich gehört hab' — Alles wahr! — Mein Richard — mein Stolz — eingesperrt haben sie ihn — ich habe zu ihm gewollt — aber sie lassen Niemand zu ihm — da bin ich fortgerannt, ohne zu wissen wohin! (Sieht sich im Zimmer um.) Ja, mir scheint — ich bin im Schloß! — Ja ja, zur gnädigen Frau! (Geht rasch auf die Thüre links zu.)

Jam. Wohin?

Hart. Melde er mich bei der gnädigen Frau!

Jam. Ist mir leid — die gnädige Frau nimmt heute keine Besuche mehr an! —

Hart. Das ist dumm — aber macht nir — ich gehe zum Herrn Grafen selber! (Geht zur andern Thür.)

Jam. (für sich). Gott sei Dank, ich hab's überstanden!

Franz (mit gespreizten Beinen vor der Thüre stehend). Hoho! Nicht so rasch! —

Hart. Platz da! — Ich muß zum Herrn Grafen! — Ist er schon auf? —

Franz. Auf? — Ja wohl! —

Hart. Also laß' er mich hinein! —

Franz. Geht nicht!

Hart. Was? — Kennt Er mich nicht?

Franz. Ja! — Ihr seid ein gewisser Hartinger, nicht wahr?

Hart. Und Er ist ein gewisser Flegel! — Weiß Er nicht, was gestern der Herr Graf gesagt hat?

Franz. Ich weiß nur, was er heut' gesagt hat, und das ist, daß man nur anständige Leute bei ihm vorlassen soll! —

Hart. Was? Du wagst es, so mit mir zu reden? Du elender Livréeknecht! — (Packt ihn an der Brust.)

Franz. Zu Hilfe! Zu Hilfe!

Vierte Scene.

Vorige. Robert.

Rob. Hat schon wieder einen beim Kragen! — Ihr ruinirt mir ja den ganzen Menschen!

Hart. Nein — ich beutle ihn nur! (Wirft Franz zur Thür hinaus.) So, jetzt bin ich fertig! —

Rob. Ich bin froh, daß ich Euch gefunden hab! — Ich suchte Euch schon überall auf!

Hart. Sucht lieber einen Menschen auf, der helfen kann, ehe es zu spät ist! —

Rob. Und wenn ich diesen Mann bereits gefunden hätte? —

Hart. Was sagt Ihr? — Wer ist der Edle?

Rob. Je — moi-même — io stesso!

Hart. Redet deutsch!

Rob. Ich weiß ein Mittel, den Richard frei zu machen. Sagt mir, hat der Richard nicht einen Brief von der Frau v. Maibold, von dem er gesagt hat, daß er sie damit vernichten könne?

Hart. Ja wohl, aber den Brief hat er bei sich im Gefängniß, und in's Gefängniß kann Niemand hinein! —

Rob. Lächerlich! — Ich weiß den kürzesten Weg in's Gefängniß!

Hart. Ihr wißt einen Weg?

Rob. Ja, seht, ich erinnere mich da an eine Geschichte, die mir einmal passirt ist, als ich ganz fremd in einer großen Stadt angekommen bin! — Ich wollte gerade meines Passes wegen auf die Polizei-Direction gehen, wußte aber nicht recht wo sie sei, und fragte deßhalb einen Schusterbuben, wie ich am schnellsten hinkomme! — Der Schusterbub zeigt auf ein Goldarbeitergewölb und sagt: Da geh' der Herr nur hinein und stehl er ein paar Braceletten, da werden's ihn gleich auf die Polizei-Direction hinführen! — Diesen schusterbübischen Rath werd' ich jetzt benützen, um sicher in's Gefängniß zu kommen!

Hart. Was? Ihr wollt was stehlen?

Rob. Warum nicht gar — das könnt mir g'stohlen werden! — Nein, es gibt auch andere, nicht so malhonnete Vergehen, wegen denen man auch auf ein paar Tag eingenäht werden kann; von dieser Gattung habe ich mir eines ausgesucht; ich sage Euch, wenn ich heute Abend nicht im Arrest bin, so könnt Ihr mich einen schlechten Kerl heißen.

Hart. (breitet die Arme aus). Robert, Du edler Lump! —

Rob. Bitte. Macht nicht so viel Aufhebens wegen einer solchen Kleinigkeit, ich habe ja ohnedieß nichts zu thun, wie könnte ich also meine freie Zeit besser benützen, als wenn ich mich einsperren lasse! —

Hart. (nachdenkend). Ja, so könnt' es gehen. Wenn ich den Brief hätte, wenn ich so vor die boshafte Kreatur hintreten und sagen könnte: »Weib, jetzt hilf oder ich zermalme Dich zu Semmelbröseln!« — oh, das wäre ein Hochgenuß! — Also gut; packen wir Jeder die Sache bei einem andern Zipfel an; aber Ihr werdet vielleicht Geld brauchen — da — nehmt, was ich bei mir habe, und jetzt keine Zeit verloren. — Ihr an euer, ich an mein Werk! lieber Gott! Nur dießmal steh' mir bei, daß mir der Guß ohne Fehler gelingt; ich gelobe dafür, daß ich in meinem ganzen Leben keinen Tropfen Wein mehr in mich hinein gießen will!

Rob. Hartinger, Ihr gelobt da etwas Uebermenschliches! —

Hart. (pfiffig). Wenn der Guß nur erst

einmal gerathen ist, hernach läßt sich schon was herunterhandeln! — (Ab.)

Rob. (allein). Er hat mir Geld gegeben — Dreißig Gulden! — Das ist ein Capital für einen Menschen, dem's sonst nicht lang dreißig Kreuzer in der Tasche duldet! — Davon wird aber jetzt kein Kreuzer angerührt, außer um einen großen Zweck zu erreichen! — Ich kann vielleicht durch einen harten Thaler einen Gefangenwärter weich stimmen, oder wenigstens dem armen Richard durch schweres Geld sein Los erleichtern — mit einem Wort mit Geld in der Tasche ist man selbst im Gefängniß ganz ein anderer Mensch! — Aber wenn ich nur schon d'rin wär' im Gefängniß! — Hm! Richard ist eingesperrt worden, weil er ein Mädchen entführt hat, entführt habe ich zwar in meinem ganzen Leben noch keine, im Gegentheile ich hab' sie immer alle sitzen lassen — aber was liegt daran — wenn mich nur eine als ihren Entführer anklagt und ich das Verbrechen nicht ablängne, da müssen Sie mich ja einsperren! — Die Aufgabe ist also jetzt nur die, meine gegenwärtige Geliebte dahin zu bringen, daß Sie mich verklagt! — Sie ist, wie man mir gesagt hat, eben bei der Kammerfrau der Frau v. Maihold, kann also jeden Augenblick herauskommen! — Wenn ich nicht irre, — ja, ja — sie ist's — sie naht! —

Fünfte Scene.

Robert. Kathi.

Kathi. Ah, sieht man den Herrn auch einmal wieder?!

Rob. Ah, Mamsell Kathi, ich hätte Sie auf den ersten Blick beinahe nicht erkannt!

Kathi. Ja freilich, wenn man eine Geliebte so vernegligirt — sich ganze Wochen lang nicht sehen läßt.

Rob. Ist das schon eine Wochen? — Nein, wie mir die Zeit schnell vergangen ist. —

Kathi. Impertinent! — So sprichst Du jetzt? — Du, der Du in der ersten Zeit unserer Bekanntschaft geschworen hast, daß Dir jede Stunde, in der Du mich nicht sehen kannst, wie ein halbes Jahrhundert vorkommt?!

Rob. Mein Gott, was red't der Mensch nicht Alles in der ersten Zeit! —

Kathi. Damals, wie Du oft Abends stundenlang unter meinen Fenstern gestanden bist, nur um mich noch einmal zu sehen!

Rob. Ja, es ist zu dumm, was der Mensch so Alles treibt in der ersten Zeit!

Kathi. Und ich — ich habe deinen Worten getraut, weil Du mir geschworen hast, daß Du keine Andere als mich heiraten wirst! —

Rob. Diesen Schwur werde ich auch halten, ich heirate nie eine Andere, aber Dich, Dich — heirate ich auch nicht! —

Kathi. Was? — Du willst mich nicht heiraten? — O ich unglückliche Person! (Laut weinend.) Und ich — ich hab' seinetwegen die schönsten Partien ausgeschlagen! — Aber glaub nicht, daß ich mich so ruhig verabschieden lasse, — ich bin mit Dir in's Gerede gekommen, die Leute haben gesehen, daß ich mit Dir umgehe — —

Rob. Und dadurch hat deine Ehre gelitten — das sehe ich ein! —

Kathi. Und Du mußt mir meine Ehre wiedergeben — ich gehe zu Gericht, — ich klage! —

Rob. Wirklich? — Kathi, Engel, Goldmädel — Donnerwetter, ich darf ja nicht merken lassen, daß ich gar nichts Anderes will! — Geh! geh! — da wirst Du was ausrichten! — Hast Du nicht die Geschichte gehört von dem Bildhauer, von dem jungen Richard? —

Kathi. Ja, er hat die Tochter vom Güterinspector entführt —

Rob. Und der Vater besteht jetzt darauf, daß er das Mädel heiraten soll, und er mag nicht! — Was ist ihm geschehen? — Mein Gott, auf ein paar Tag haben sie ihn halt eingesperrt! —

Kathi. Eingesperrt!! — Wirklich? — Da geschieht ihm recht! und das das verdienst Du auch! —

Rob. Kathi, um Gottes willen, Du wirst doch nicht im Ernst an dergleichen denken?

Kathi. Ja, mein Herr! ich denke daran! — Jetzt frage ich Dich noch einmal in Güte: Willst Du mich heirathen, oder eingesperrt werden!

Rob. Auf Ehre, da thut mir die Wahl weh! — Aber heirathen? — Nein! — Da will ich lieber eingesperrt werden!

Kathi. Gut! Sag' mir nur Eins! — Auf wie lang haben sie denn Richard eingesperrt?

Rob. Wie ich höre auf so lange, bis er sich entschließt, die Minna zu heirathen.

Kathi. So, jetzt klage ich schon ganz gewiß! — Ich gehe — hörst Du? — Ich gehe! —

Rob. Geh', — Du richtest nichts! — Beim Richard ist das ein ganz anderer Fall — der hat sein Mädel entführt. — Du müßtest also auch sagen können, daß ich Dich entführt habe, und davon ist ja gar keine Red'!

Kathi. So? — Das kann ich auch sagen! —

Rob. Was? Ich hätt' Dich entführt?

Kathi. Freilich! — Hast Du mich nicht vor vierzehn Tagen gezwungen mit Dir nach Lachdorf zu gehen? —

Rob. Na ja, das war am Kirchtag!

Kathi. Ich habe aber nicht gehen wollen! —

Rob. Weil es geregnet hat!

Kathi. Alleseins! — Du hast mich mit Gewalt und verführerischer Ueberraschung hingeschleppt, das ist eine Entführung!

Rob. Aber Kathi, Du hast ja selber dorten für uns Beide die Jausen zahlt an dem Tag! —

Kathi. Eben das erhärtet ja das Verbrechen! — Ich werde sagen, daß Du unter der Vorspiegelung mich zu heirathen mir sogar mein bischen Geld herausgelockt hast!!

Rob. (für sich). Das geht vortrefflich! — Sie klagt auf Heirat unter erschwerenden Umständen! (Laut.) Geh', thu' nicht so! — Du hast ja gar nicht die Courage zu Gericht zu gehen!

Kathi. Was? Ich keine Courage? — Ein solides Mädel, das heirathen will, hat zu Allem Courage! Jetzt keine Schonung mehr! — Ich will Dir den Ernst zeigen! Ich geh' — ich schwör' Dir's, so wahr ich nicht als alte Jungfer sterben will!

Rob. Ein fürchterlicher Schwur!

Kathi. Ich klage Dich der Gut- und Verführung, des Meineids und des falschen Eidbruches, — der filoutirenden Geldherauslockung und Durchbringung an. — O ich will Dich schildern als einen Menschen, der keinen Funken Ehre im Leibe hat, und darauf bestehen, daß Du mir deinen Namen gibst! (Eilt ab.)

Sechste Scene.

Robert (allein). Recht so — bravo! — Sie verklagt mich und ich werde eingesperrt! Ich gehe ihr dann gleich nach auf's Gerichtshaus, damit sie mir nicht erst eine Vorladung zu schicken brauchen. Es ist im Grunde eine närrische Idee, daß ich selbst Alles aufbiete, um nur eingesperrt zu werden. Man wäre fast versucht, es einen Hanswurststreich zu nennen, und der Hanswurst ist doch in Deutschland schon seit mehr als hundert Jahren begraben. Begraben? Hm! — so heißt es wohl, aber bei vielen Erscheinungen der Neuzeit will es einem doch fast bedünken, daß der deutsche Hanswurst noch lange nicht begraben ist.

Couplet.

's Theater hat jetzt 'ne ganz and're Verpflichtung,
Seit d' Neuberin hat aug'strebt die bessere Richtung,

Die improvisirte Komödie aufg'hoben,
Und allem dem Unsinn 'nen Riegel vor=
g'schoben,
Und z'letzt die Hanswürste, die's z'toll
gemacht haben,
Hat feierlich gar von dem Volke begra=
ben.
Da sah man, daß der deutsche Sinn
Sich neigt zum tiefern Ernste hin!

Doch's sind noch vorhanden
G'wisse Komödianten,
Die ob'n auf den Bretern
Oft spiel'n zum verwettern!
Nichts z'lernen sich befleißen,
Als Coulissen zu reißen,
Aber so auf der Gasse
Da steht hoch die Nase,
Im Anzug auffallend,
Im Heldenschritt hallend,
In der Kneipe vor Allen
Mit Eroberungen prahlend,
Sagen: d'Mädeln und b'Frauen,
Die mich einmal anschauen
Im Ritterwamms mit Sporen,
Haben's Herz gleich verloren.
Ja, so lange wir solche Chinesen noch
haben,
Ist der deutsche Hanswurst noch
lang nicht begraben!

Betracht't man die Aerzte, wie sie sich
bemühen,
Das Geheimniß des Lebens an's Tags=
licht zu ziehen,
Erforschen im Leichnam den Lauf aller
Säfte,
Und in der Natur dann die heilenden
Kräfte,
Und wie sie ergründen selbst, was die Ge=
stirne
Für Einflüsse üben auf Menschenge=
hirne;
Da sieht man, deutscher Aerzte Sinn
Neigt sich zum tiefern Ernst nur hin.

Doch sieht man dagegen,
Wie von Wissenschaftswegen

Sich gänzlich entfernen
Manche Aerzt' — die modernen —
Um nur mit dem Neuen
Sand in b'Augen zu streuen,
Der Eine wollt' retten
Mit galvanischen Ketten,
Der gibt Semmeln zu knacken,
Vor acht Tagen gebacken,
Der heilt sogar auch
Mit magnetischem Hauch',
Und der sagt: Für Kränkung
Hilft Gliederverrenkung,
Jeder rühmt sich ganz eitel,
Geg'n den Tod hätt' er's Kräutel.
Doch so viel' unter b'Erde gebracht sie
auch haben,
Den deutschen Hanswurst haben
sie noch nicht begraben!

Hört man jetzt die Mädeln und Frau'n
disentir'n
Ueber Literatur — ja selbst politisir'n,
Wie viele sogar — der Buchhandel be=
weist es,
Dasteh'n als gewalt'ge Amazonen des
Geistes,
Den Kochlöffel und Strickstrumpf ver=
lassen,
Als Blaustrümpfe selbst sich mit'm Dich=
ten befassen,
Da sieht man, selbst der Frauen Sinn
Neigt jetzt zu tiefem Ernst sich hin.

Doch betracht't man b'Putzdocken
Mit ihren flatternden Locken,
Wie um Das sie sich reißen,
Was „von Paris" thut heißen,
An der Seine und Loire
Nur dort wächst das Rare,
Dort läßt die Holde
Sich b'Haar' stäub'n mit Golde —
In Paris kann sich's machen,
Doch in Wien muß man lachen,
Wenn auf unseren Bällen
Die Damen gar fehlen.
Mancher könnt' man' beweisen,
Daß sie längst schon alt's Eisen,

Doch das Köpfchen muß sie vergoldet noch
 haben —
Ja — der dentsche Hanswurst ist
  noch lang' nicht begraben!

Betracht't man, was namentlich in un=
 seren Tagen
Die Wissenschaft für schöne Früchte ge=
 tragen,
Und es werden die Dentschen am meisten
 bewundert,
Was sie Alles erfunden im letzten Jahr=
 hundert,
So ein deutscher Gelehrter — kein' Welt
 und kein Leben
Kann's für ihn — als vergrab'n in dem
 Bücherstoß — geben.
Man sieht, es neigt der dentsche Sinn
Sich nur zum tiefen Ernste hin.

 Doch wenn's die Bahn erst betreten
 Auf Universitäten —
 So ein Wissenschaftsjünger,
 Was macht nicht für Sprüng' er?
 Da geht auch nicht Einer
 Ohne den Ziegenhainer,
 Das ist so ein Schwerstock,
 Wie ein junger Barrierpflock,
 Brillen — nie ohne diese!
 's Bierglas, hoch wie ein Riese,
 Kopflos geht er nimmer
 Pfeifenköpf tragt er immer.
 Am meisten doch eitel,
 Macht der Tabaksbentel,
 Und das Burschenschaftsbandel
 Auf dem windigen G'wandel,
Mit Kanonen thun's durch die Straßen
 hintraben,
Ja — der dentsche Hanswurst ist
  noch lang' nicht begraben!

Verschwunden sind jetzt in der Zeit, in
 der nenen,
Die faden Roman= und Mondscheiu=
 schwärmereien.

»Dein Herz und ein Strohdach« und ähn=
 liche Worte
Sind bei Heiratsbewerbnngen nicht mehr
 am Orte.
»Ist sie brav und wirthschaftlich? Thut's
 b' Kochkunst verstehen?«
Das sind jetzt die Bedingniß, 'ne Hei=
 rat einz'gehen.
Man sieht, es neigt der dentsche Sinn
Sich jetzt zum Ernst des Lebens hin.

 Doch bringt man's zu Stande,
 Auch in ander'm G'wande,
 Es ist jetzt die Zeitung
 Von hoher Bedentung,
 Man zahlt für's Einrücken
 Und laßt hineindrucken:
 »Ich bin ganz passabel,
 »Und wenn's sein muß auch aimable,
 »Doch Geld muß sie haben
 »Nebst anderen Gaben,
 »Sie schreibt poste restante,
 »Ob für mich sie entbrannte —«
 Und richtig es rennen
 D' alten Jungfern was 's können.
 Die mehr hat, aus Allen
 Ihm allein nur thut gefallen. —

So lang man auf die Art noch Frauen
 kann haben,
Ist der deutsche Hanswnrst noch
  lang nicht begraben!
   (Ab.)

   Verwandlung.

(Kanzleistube im Gerichtshause, seitwärts ein
Schreibtisch mit Acten und Schreibzeug. Eine
Mittel= und zwei Seitenthüren.)

  Siebente Scene.

  Kathi, dann Robert.

Kathi (kommt ganz verwirrt und erhitzt
aus dem Seitenzimmer). Ach, es is gescheh'n!
— Aber ordentlich den Schweiß hat's mir
herausgetrieben! — Wann ich gewußt hätt',
wie's zugeht bei einer solchen Klage, und
um was einen der Richter Alles fragt, nicht
zehn Pferd hätten mich daher auf's Gerichts=

haus gezogen! — (Setzt sich links) Mir
schwindelt — es hat sich Alles mit mir her-
umgedreht, aber Recht hat mir der Richter
doch gegeben und gesagt hat er, daß er den
Robert schon scharf hernehmen wird! —
Mein Gott, jetzt dauert er mich fast — und
wenn ich's ungeschehen machen könnte —
aber warum hat er mich so weit getrieben
— es ist seine eigene Schuld! —

Rob. (hinten). Kathi!

Kathi (erschreckt). Mein Gott — — da
ist er! —

Rob. Ist's schon vorbei?

Kathi. Was denn?

Rob. Die Klag'! — Hast sie schon an-
gebracht? —

Kathi (furchtsam beinahe weinend). Ja, ich
war einmal in der Rage und jetzt ist es
gescheh'n!

Rob. (eilt freudig in's Zimmer herein).
Wirklich! — Engel! —

Kathi (ihn ganz erstaunt ansehend). Robert, wie kommst Du mir vor? —

Rob. O Gott, jetzt lieb ich Dich wieder,
beinahe wieder so wie in der ersten Zeit
(sie küssend) — — da hast Du ein Busserl,
mein Schatzerl — noch eins — noch eins.

Kathi. Also hast Du mich doch noch
gern — ja, ja, ich seh's — ich fühl's, und
ich, ich hab' Dich angeklagt — aber gleich
gehe ich hinein, und nehme die Klage zurück! —

Rob. Um Alles in der Welt — was
fällt Dir ein? — Da wäre ich ja verloren!

Kathi. Wenn ich sage, daß Du un-
schuldig bist! —

Rob. Da käm' ich in ein schönes Renom-
mé! — Man kommt, gehe jetzt, mein Schatzerl, der Richter darf nichts merken, daß
wir einverstanden sind! Morgen werde ich
Dir Alles erklären! — (Schiebt sie zur Thür
hinaus.)

Kathi. Aber sage mir nur — ich bin
so neugierig — (Ab.)

Rob. (für sich). Es ist richtig der Richter — jetzt nur recht nonchalant — ein Mann
wie ich, mit dreißig Gulden im Sack! —

Achte Scene.

**Voriger. Stupfer. Ein Ortswächter.
Dann ein Schreiber.**

Stupf. (tritt mit dem Ortswächter aus
der Seitenthür, übergibt dem Wächter ein versiegeltes Papier). Da sehe Er einmal nach,
wo Er den liederlichen Lumpen auffindet —
vermuthlich in irgend einer Kneipe! —

Rob. (mit einer galanten Verbeugung vor-
wärts kommend). Wenn ich nicht irre, so ist
hier eben von mir die Rede — freut mich
außerordentlich — Herr Richter — Ihr
ganz Ergebenster — —

Stupf. Ach, Er ist schon hier? — Ich
wollt' ihm eben eine Vorladung schicken! —

Rob. Bitte. — zu viel Aufmerksamkeit
— zu was sollte sich der wackere Mann
bemühen! — Bitte, lieber Herr Wachter,
mir das nur gleich zu übergeben! —

Wacht. (gibt ihm die Vorladung). Ist
mir nur so lieber. Da! (Will ab.)

Rob. Warten Sie! — Einem Diener,
der Einem eine Einladung bringt, muß
man doch ein Trinkgeld geben! — Da trin-
ken Sie auf meine Gesundheit! —

Wächt. Ich küß' die Hand! — (Ab.)

Stupf. (spöttisch). Ei ei! Er ist ja sehr
lustig?! —

Rob. (sich galant gegen Stupfer verneigend).
Das bin ich immer, wenn ich mich in so
angenehmer Gesellschaft bewege!

Stupf. Ich werde ihm nicht lang an-
genehm erscheinen — er ist vorgeladen!

Rob. Geladen — bei Ihnen — das ist
wirklich zu viel!

Stupf. Schöne Sachen, die man von
ihm erfährt! —

Rob. Man thut, was man kann, um
das Auge hochgestellter Männer auf sich zu
ziehen!

Stupf. Da ich eben nichts Wichtigeres
vorhabe, so werde ich ihn gleich hier vornehmen! —

Rob. Sie sind äußerst liebenswürdig! —

Stupf. (geht zum Tisch und klingelt).

Schreib. (tritt aus der Seitenthür). Befehlen, Herr Richter!

Stupf. Bringen Sie mir die eben zu Protocoll gegebene Klage der Katharina Plenkler heraus.

Schreib. (geht wieder zurück). Gleich, Herr Richter!

Stupf. (nimmt eine Prise und sagt lachend zu Robert). Katharina Plenkler, kennt Er den Namen? —

Rob. O ja — das ist ein Name, so süß wie Lebzelten mit Syrup! —

Schreib. (kommt zurück mit einem Actenstück). Hier, Herr Richter! —

Stupf. (zum Schreiber). Setzen sie sich hier gleich zum Tisch und protocolliren Sie seine Aussage! — (Er setzt sich.)

Schreib. Gleich, Herr Richter! (Holt sich von links vorne einen Stuhl.)

Rob. (nimmt ihm den Stuhl ab). Dank recht sehr! Bitte ebenfalls Platz zu nehmen!

Stupf. Ei, Er macht sich's ja sehr bequem!

Rob. Bitte — ich habe nie gehört, daß hier bei Gericht Jemand zum Stehen verurtheilt worden ist — immer nur zum Sitzen! — und ich — ein Mann mit dreißig Gulden — ich werde ihm da stehen bleiben? (Schlenkert die Beine über einander. steckt beide Hände in die Taschen des Beinkleides und wirft sich bequem in die Stuhllehne zurück.)

Schreib. (hat sich unterdessen einen andern Sessel geholt und sich ebenfalls gesetzt).

Stupf. (die Klagschrift in der Hand haltend). Also hör' Er! —

Rob. Ich werde so frei sein!

Stupf. Katharina Plenkler, Wäscherin, neunzehn Jahre alt —

Rob. Mir hat sie schon dreiundzwanzig eingestanden!

Stupf. Führt Klage gegen Robert Sturmvogel, ehemals Schreiber, derzeit ohne Beschäftigung! —

Rob. Das Schreiben freut Einen jetzt nicht mehr! —

Stupf. Besagter Robert Sturmvogel habe ihre Bekanntschaft gemacht, als sie bereits in Brautumständen war — —

Rob. Lüg', daß Du erstickst! —

Stupf. Er habe sich lange vergebens um ihre Liebe beworben — sie habe ihn nicht anhören wollen! —

Rob. (für sich). Und wir waren schon in der ersten halben Stunde Du und Du!

Stupf. Sie führt an: —

Rob. (auffahrend). Halt — Herr Richter, beleidigen Sie mir das Mädel nicht! —

Stupf. Was will Er denn? —

Rob. Wie können Sie sagen: sie führt an; Kathi hat noch Niemand angeführt — anführen heißt betrügen! —

Stupf. Schweige er — in der Klage führt sie an —

Rob. Ah, das ist etwas Anderes — dann lassen Sie's nur stehen! —

Stupf. Sie führt an, daß nur seine schlaue Ueberredung, seine Vorspiegelungen sie irregeführt hätten, daß Er sie gewaltsam nach Lachdorf entführt habe! —

Rob. Hat sie das gesagt, steht das wirklich da?

Stupf. Freilich — da steht's! —

Rob. Gut! — Lassen Sie's nur steh'n — gewaltsam entführt! —

Stupf. (zum Schreiber). Notiren Sie er gesteht! —

Rob. O, ich gestehe Alles! —

Stupf. Dort habe er ihr in das Wasser ein berauschendes Getränk gegossen!

Rob. Halt, nein, das ist mir doch selber zu viel — es war gerade umgekehrt, ich habe ihr Wasser in ein berauschendes Getränk gegossen. —

Stupf. In dieser Betäubung habe sie ihrem Bräutigam geschrieben, daß sie sich von ihm lossage und dadurch ihre sichere Zukunft aufgeopfert. Robert Sturmvogel habe ihr dagegen geschworen, sie zu heiraten, auch unter diesem Vorwand Geld von ihr entlehnt und ihr nicht mehr zurückerstattet.

Rob. Ich bin wirklich ein niederträchtiger Kerl — haben Sie nur keine Schonung mit mir — ich verdiene keine! — Ich bin ein mauvais sujet, ein Roué, ein Gamin!

Stupf. Also Er hat gegen diese Klagen gar keine Einwendung?

Rob. Gott bewahre!

Stupf. (zum Schreiber). Schreiben Sie!

Rob. Ich bitte nur bald um mein Urtheil — ich brauche mein Urtheil so nothwendig wie einen Bissen Brot.

Stupf. Das Urtheil ist in dieser Sache von meiner Seite sehr leicht gefällt! — Das Mädchen besteht hauptsächlich auf der versprochenen Heirat und will in diesem Falle von jeder Klage abstehen! — Will Er sie heirathen?

Rob. Gar keine Idee!

Stupf. Dann wird die Klägerin puncto Entschädigung rc. auf den Rechtsweg gewiesen!

Rob. Was? — ein Proceß? — Das dauert mir zu lang, bis der entschieden ist, sind uns allen Zweien die Heirathsgedanken vergangen. — Das ist mir zu langweilig!

Stupf. Was aber das herausgelockte und nicht wieder erstattete Geld betrifft —

Rob. Ah, wegen dem muß ich eingesperrt werden!

Stupf. Wenn er nicht zahlt. — Allerdings! —

Rob. (schlägt auf den Tisch). Bravo!!

Schreib. (fällt vor Schreck vom Stuhl).

Stupf. Was untersteht er sich!

Rob. Bitt' um Entschuldigung! — Aber zahlen thue ich nichts.

Stupf. Nach Angabe der Klägerin beläuft sich Alles in Allem auf dreißig Gulden! — Also will Er zahlen?

Rob. Gott bewahre! — Das wäre zum ersten Male in meinem Leben! — Ich zahle nie was zurück, das ist ganz gegen meine Grundsätze und Principien, und nur Consequenz in den Principien — das charakterisirt den Mann von Charakter! —

Stupf. Gut, so wird man ihn setzen! (Er klingelt.)

Rob. (freudig). Ich werde eingesperrt! —

Wächt. (tritt ein).

Stupf. Führt den leichtsinnigen Schuldenmacher in den Schuldenarrest!

Rob. (in die Höhe fahrend). Was? in den Schuldenarrest?

Stupf. Ja, — dort werden seines Gleichen aufbewahrt.

Rob. (für sich). Eingesperrt werden und nicht in demselben Gefängniß mit Richard — da wäre ja mein ganzer Zweck verfehlt. — Herr Richter! —

Stupf. Keine Widerrede! —

Rob. Ich fordere Gerechtigkeit! Gleiches Recht für Alle! — Der Bildhauer Richard Steinwald hat auch ein Mädel entführt und hat ihr nicht einmal Geld herausgelockt, und der sitzt im schweren Kerker im alten Herrnhause — und ich soll für dasselbe Verbrechen nur so mir nichts Dir nichts in den Schuldenarrest kommen — das ist eine Herabwürdigung — eine Niederträchtigkeit! (Wirft die Amtsbücher auf die Erde.) Gerechtigkeit! — Justitia, Nemesis!

Stupf. Er ist ein Narr! — Besagter Steinwald hat einen Menschen körperlich verletzt — deßhalb sitzt er im schweren Kerker!

Schreib. (sammelt die Bücher vom Boden auf).

Rob. Also solche Verdienste sind nothwendig? — Herr Richter — ich bitte Sie noch um einen juridischen Rath — sagen Sie mir, wäre das genug Verbrechen, wenn ich einen anständigen Menschen so recht ordentlich haue? —

Stupf. Allerdings — jede körperliche Gewaltthätigkeit.

Rob. (streift sich die Aermel auf). Na, also — da wär' ja jetzt die beste Gelegenheit!

Stupf. (springt zurück). Ha! — Wächter! — Packt den Wahnsinnigen und werft ihn ohne Umstände in den Schuldenarrest!

Wächt. (will Robert packen).

Rob. (kniend). Nein, — nur nicht in den Schuldenarrest! —

Stupf. Kann Er zahlen?

Rob. Es bleibt mir nichts Anderes übrig! — (Mit schwacher Stimme.) Ja, ich will zahlen — ich bringe das Wort gar nicht heraus! (Würgend.) Ja, ich zahle! —

Stupf. Wo ist das Geld?

Rob. Da, wo's noch nie gewesen ist, in meinem Rock! —

Stupf. (zum Wächter.) So laßt ihn und geht! —

Wächt. (geht ab).

Stupf. (in einiger Entfernung stehend). Erlege Er nur das Geld dort dem Schreiber! —

Rob. Es ist wirklich gräßlich! Vor fünf Minuten noch ein Mann von dreißig Gulden und jetzt: ils sont passé les jours de fêtes! Da — 5 — 10 — 15 — ach zählen Sie selber! — Was man einem Menschen für Schwierigkeiten in den Weg legt, wenn er ohnedem nichts Anderes will, als ein anständiges Gefängniß! — Ich habe einen Zorn in mir — ich könnte den Menschen — — (Beutelt dem Schreiber den Schopf.)

Schreib. (schreit). Ha! Welche Frechheit! —

Neunte Scene.

Vorige. Timmel (kommt eilig durch die Mitte).

Timm. Guten Morgen, Herr Richter!

Stupf. (sehr freundlich). Ah, Herr Güterinspector, was verschafft mir die Ehre! —

Timm. Mich schickt die Frau v. Maibeld mit einer Bitte an Sie! (Spricht leise mit Stupfer fort.)

Rob. Das ist Einer, der schon lang' was bei mir auf der Nadel hat, der soll mir zum Opfer fallen — aber nur vorsichtig! —

Stupf. (zu Timmel). Hat gar keinen Anstand; ich werde der gnädigen Frau sogleich einen Einlaßschein zum Besuch der Gefängnisse aufsetzen. (Zum Schreiber.) Nun, ist das Geld richtig?

Schreib. (hat indessen gezählt, weinerlich). Vollkommen! —

Stupf. So kommen Sie mit mir! — (Zu Timmel.) Gedulden Sie sich einen Augenblick! (Zu Robert.) Er kann gehen!

Rob. Danke, habe keine Eile. Ich habe hier noch etwas Nothwendiges zu thun!

Stupf. (mit dem Schreiber in's Nebenzimmer ab).

Timm. (setzt sich). Möcht' wissen, was der gnädigen Frau wieder einfällt, daß sie die Gefängnisse besuchen will!

Rob. (um ihn herumgehend). Die Gelegenheit wäre da — aber ich darf nicht mit ihm allein sein — ich brauch' zwei Zeugen — sonst längnet er mir die Ohrfeige ab! —

Timm. Ah! — Er auch da? — Gewiß wieder was angestellt! — Wenn ich Einen an diesem Orte seh' — weiß ich ohnedem gleich, daß er ein Lump ist!

Rob. Freut mich unendlich, Ihnen hier zu begegnen! (Für sich.) Kommt denn Niemand? —

Schreib. (kommt zurück). Hier ist die Einlaßkarte! —

Rob. Ein Zeuge — jetzt den zweiten! — Herr Wächter, charmantester Herr Wächter! — Ich bitte, bemühen Sie sich herein!

Wächt. (tritt ein).

Timm. (will abgehen). Ich lasse höflichst danken!

Rob. (tritt ihm in den Weg). Halt! — ein Wort! — Daher! —

Timm. Was wollen Sie von mir? —

Rob. Was haben Sie vorhin gesagt? — Was?

Timm. Ich?

Rob. Sie haben mich einen Lumpen genannt, und hier haben Sie die Taxe für den Titel. (Schlägt ihn in's Gesicht.)

Timm. (taumelt zurück). Ha! Was war das?

Rob. Kennen Sie 's nicht, so geb' ich Ihnen noch Eine!

Timm. (schreiend). Zu Hilfe! Wache!

Stupf. (herbeieilend). Was geht hier vor?

Mehrere Wächter (eilen herein).

Timm. Der Bandit hat mir in mein eigenes Gesicht eine Ohrfeige gegeben!

Stupf. Unglaublich!

Rob. Bitte! — Nicht unglaublich, ich habe zwei ehrenwerthe Zeugen! — Organ der Gerechtigkeit, geben Sie mir den Lohn für meine That! -

Stupf. Ja, jetzt soll er Dir nicht ausbleiben! Gewaltthätigkeit hier im Amtshause? — Packt ihn — fort mit ihn in schweren Kerker!

Rob. (wird gepackt). Endlich! — Der Mensch soll nie verzweifeln — ein redliches Streben kommt doch zum Ziel!

(Der Vorhang fällt.)

Dritter Act.

(Ein großes düsteres Gewölbe von mittelalterlicher Bauart. — An der Hinterwand ein niederes Bett, auf welchem Richard sitzt; neben dem Bett eine mit Eisen beschlagene Thür, links Tisch und Stuhl.)

Erste Scene.

Richard (auf seinem Lager). Wie wird das enden? Wenn mein Nebenbuhler die Wahrheit sagt, so kann man mir nichts anhaben, aber er wird es nicht, eben weil er mein Nebenbuhler ist! — Was wird indeß aus meiner armen Minna werden? — Ich vermag nicht daran zu denken, — mein Gehirn brennt mir und dabei diese Abspannung — wenn ich nur schlafen könnte! — (Man hört an der Hinterwand draußen ein heftiges Hämmern.) — Was ist denn das? — Ah, die Maurer werden ihre Arbeit im Nebengefängnisse beginnen! — (Wieder klopfen.) Nein, hier ist an ein Schlafen nicht zu denken! — Ich muß versuchen, das Bett auf eine andere Seite zu schieben! (Er schiebt das Bett.) Es geht! — (Die Wand unter dem Bett bricht ein und Robert steckt seinen Kopf durch das Loch.)

Zweite Scene.

Robert. Richard.

Rob. Entschuldigen Sie, wohnt hier Herr Richard Steinwald?

Rich. Was — seh' ich — Robert — Du? —

Rob. Ja, ich bin so frei, auch eingesperrt zu sein! — Ist es erlaubt einzutreten? —

Rich. Aber sag' mir nur, wie kommst Du hierher?

Rob. Wie? — Auf allen Vieren! — Woher? — Aus dem Gefängniß nebenan! — Die Maurer, die da drüben arbeiten, haben ihre Werkzeuge liegen lassen, und mit Hilfe derselben habe ich die schwache Mauer durchbrochen! — Warum ich hieherkomme? — Wegen Dir! —

Rich. Wegen mir?

Rob. Ja, es handelt sich darum, Dich zu retten! Du hast einen Brief von der Frau v. Maihold?

Rich. (zieht den Brief hervor). Ja, hier bei mir!

Rob. Dieser Brief ist deine Waffe, er ist eine förmliche electrische Batterie, die mit einem Schlage diese Creatur zu Boden schlagen soll — gib ihn nur geschwind her!

Rich. Wie? Du muthest mir zu, daß ich diesen Brief zu einem solchen Zwecke hergebe?

Rob. Aber es ist ja der Brief deiner Feindin!

Rich. Sie schrieb ihn, als sie mich noch liebte; und es wäre eines Mannes unwürdig, den Beweis der Schwäche, welchen ein Weib in der Leidenschaft der Liebe in seine Hände gab, um zu ihrem Verderben zu veröffentlichen! (Steckt den Brief wieder in die Brusttasche von auswendig.)

Rob. Aber denk doch nur, was ich Alles des Briefes wegen unternommen habe! — Ich lasse mich einsperren, habe das Glück, in das Gefängniß neben Dir zu kommen, grabe mich da durch wie ein Maulwurf, und jetzt soll das Alles nur geschehen sein, um deine lächerliche Discretion zu bewundern? Da sieh' mich an — — ich bin nie discret — da — hast Du einen Brief von meiner Kathi — lese ihn!

Rich. Ich habe kein Verlangen darnach!

Rob. Oh, das ist ein Brief, der meine Kathi ungeheuer compromittirt! — Ich hatte ihr nämlich früher geschrieben, sie soll mir Geld leihen, und sie schreibt mir in dem Brief, daß sie selbst keines hat! Du siehst — ich theile Dir die zartesten Beziehungen zwischen uns mit! — Lies! —

Rich. Halte Du's — wie Du willst; ich gebe Dir aber mein Ehrenwort, — daß ich Dir diesen Brief nicht ausliefere — darum kein Wort weiter davon!

Rob. Ist das ein Dickschädel! — Jetzt soll Alles umsonst sein? — Justament soll's geschehen, auch gegen seinen Willen! — Na also, wenn Du schon ein so großes Vergnügen daran findest dahier zu sitzen, mir thut die Luft mit dem Armensünder-Geruch nicht gut — ich werde sehen, so bald als möglich wieder hinauszukommen. Also, lebe wohl!

Rich. (düster). Leb' wohl! — (Reicht ihm die Hand.)

Rob. (ungemeine Rührung affectirend und sich zum Weinen zwingend). Gott, ich kann Dir gar nicht sagen, wie mir um's Herz ist — so —

Rich. Weine doch nicht wie ein altes Weib!

Rob. (schluchzend). Ich kann nicht anders weinen! — Ich hab' so stockfinstere Ahnungen! — Richard — laß Dich noch einmal umarmen! (Umarmt ihn und zieht ihm während der Umarmung den Brief aus der Seitentasche und macht, da er selbst von Kalk und Mörtelstaub ganz bedeckt ist, auch Richards Rock ganz voll davon.) Still — hörst Du nichts? — Schritte auf der Treppe! —

Rich. (eilt zur Thür und horcht am Schlüsselloch).

Rob. Ich hab's! — der Kathi ihr Brief paßt gerade für das Convert auch — also geschwind hinein mit der Kathi ihrem Brief in das Convert — und dieser Brief bleibt mein Eigenthum! —

Rich. Um Gottes willen, mach daß Du fortkommst, ich höre Schritte auf dem Gange! —

Rob. Also leb' wohl, sei nicht bös auf mich — so, jetzt ist Alles wieder in Ordnung! — Um Gottes willen, — ich höre schon die Schlüssel — ich kann nicht mehr hinaus — (erblickt den Pfeiler). Ha! — Hier der Pfeiler! (Schlüpft hinter den Pfeiler und Richard schiebt das Bett vor die Maueröffnung. Man hört gleich darauf das Gerassel von Schlüsseln und die Thür wird geöffnet.)

Dritte Scene.

Richard. Kaltherz. Anna v. Maihold.

Kalth. (mit einem Licht). Geben Ew. Gnaden Acht! Da sind Stufen! —

Anna (in einen Mantel gehüllt tritt ein).

Rich. (überrascht). Frau v. Maihold!

Anna (leise für sich). Er ist's — jetzt Schlauheit — steh' mir bei! (Zu Kaltherz.) Bleibt auf dem Gange und laßt das Licht hier!

Kalth. (stellt das Licht auf den Tisch und geht ab). Sehr wohl, Ew. Gnaden!

Anna (nach einer Pause). Sie sind durch meinen Besuch überrascht?!

Rich. Sie wollen sich vielleicht an dem Unglück Ihres Feindes weiden! —

Anna. Diese Meinung hoffe ich bald zu widerlegen. Sie wissen nicht, was während Ihrer Gefangenschaft außerhalb dieser Mauern vorging.

Rich. (verzweifelnd). Um des Himmels willen! — Meine Minna —

Anna. Beruhigen Sie sich, sie ist unter meine Huth gestellt, danken Sie dem Geschicke, daß es so kam!

Rich. Wie soll ich das verstehen? —

Anna. Ich habe das Mädchen nun näher kennen gelernt und sah ein — daß dieses reizende Geschöpf mein Bild aus Ihrem Herzen verdrängen mußte — ich sah mich besiegt, doch wollte ich durch meine Großmuth Sie überzeugen, daß ich vergebe! —

Rich. Was sagen Sie? —

Anna. Jeder Hoffnung auf die Rückkehr Ihrer Liebe entsagend, gab ich den ungestümen Bewerbungen des Grafen nach — ich bin seine Braut!

Rich. Nehmen Sie meinen Glückwunsch!

Anna. Sie werden einsehen, daß in
diesem Verhältnisse meine Verwendung beim
Grafen viel — ja Alles vermag! —

Rich. Wenn Ihre Großmuth will —
an Ihrer Macht zweifle ich nicht! —

Anna (sich ängstlich umsehend, mit däm-
pfender Stimme). Wenn ich nicht durch Sie
ohnmächtig gemacht — ja vernichtet werde!

Rich. Was trauen Sie mir zu? —

Anna. Es kann ohne Ihre Absicht geschehen — jener Brief! — besteht er noch?

Rich. Ja!

Anna. Um des Himmels willen, man
wird Ihre Wohnung durchsuchen!

Rich. Ich habe ihn bei mir!

Anna. Heiliger Gott, um so gefährlicher. Kann man nicht hier Ihre Kleider
durchsuchen? Richard, wenn Sie nicht selbst
das Werk Ihrer Rettung unmöglich machen
wollen; geben Sie mir den Brief zurück! —

Rich. Ich weiß nicht, ob die Absicht,
mich zu retten, ebenso auf dem Grunde
Ihres Herzens wie auf Ihren Lippen ist;
ich weiß nicht, ob nicht bloß der Wunsch,
den für Sie gefährlichen Brief zu erhalten,
Sie hieher geführt hat, aber das Eine
weiß und fühle ich, daß ich in dem Augenblicke, als Sie ihn zurückverlangen, kein
Recht mehr habe, ihn zu behalten! — Hier
ist der Brief; nehmen Sie ihn — ich thue
hiemit, — was ich thun muß, thun Sie
nun, was Sie für recht erkennen! —

Anna (nimmt hastig den Brief). Richard,
ich danke Ihnen!

Rich. (hastig). Man kommt — verbergen Sie den Brief! —

Anna. Nein, ich vernichte ihn! —
(Geht zum Lichte, verbrennt den Brief, wirft
die Asche auf den Tisch und stellt endlich den
Krug darauf.) Es ist geschehen   nun bin
ich ruhig! —

Vierte Scene.

Vorige. Kaltherz. Stupfer.

Stupf. (kommt mit Kaltherz). Gnädige
Frau, eben erst vernahm ich Ihre Anwe-
senheit — entschuldigen Sie, — daß ich
nicht sogleich die Ehre haben konnte! —

Anna. Ich danke Ihnen; mein Herz
trieb mich nachzusehen, ob ich nicht etwas
zur Linderung des Unglücklichen beitragen
könnte und wenn Sie mir gefällig sein
wollten — —

Stupf. Befehlen Sie. Was mit meiner
Pflicht vereinbar ist — —

Anna (für sich). Ich muß ihn sicher
machen! — (Laut.) Wenn Sie für den
armen Verirrten ein etwas anständigeres
Gewahrsam hätten!? —

Stupf. Ich freue mich Ihnen gehorchen
zu können; im ersten Stockwerk sind leich-
tere Kammern, ich werde ihn sogleich in
eine derselben bringen.

Anna. Und was sonst seine Lage erleichtern kann, gewähren Sie ihm! — Doch
nun muß ich fort. (Zu Richard leise.) Bauen
Sie auf mich, doch schweigen Sie! — (Von
Stupfer bis zur Thür begleitet ab.)

Rich. (für sich.) Ist ihre Sinnesände-
rung Wahrheit, oder dient die Larve der
Grazien wieder dazu, um das Medusen-
haupt zu verbergen?

Stupf. Nun, Sie haben Glück. Die
Verwendung dieser Dame vermag viel! —
Folgen Sie mir, ich will Ihnen sogleich
ein besseres Zimmer anweisen lassen.

Rich. Ich bin bereit! (Ab mit Stupfer.
Robert niest.)

Stupf. (der vorausgeht, glaubt Richard
hat geniest, dreht sich um und sagt). Zur Ge-
nesung! (Beide ab; man hört die Thür von
außen verschließen.)

Fünfte Scene.

Robert (allein, er tritt aus dem Pfeiler
hervor). Es war richtig die höchste Zeit —
aber Gott sei Dank — den Brief habe ich;

sie haben dafür zwar bis jetzt noch mich, aber die Voranstalten sind getroffen, und unter den gegenwärtigen Verhältnissen wird mir das Hinauskommen leichter werden, als mir das Hineinkommen geworden ist. Mein Ziel ist erreicht — und ich habe das ganz allein zu Stande gebracht. Ja, der Starke ist am mächtigsten allein. Ich will jedoch durch diesen Anspruch den Vereinen nicht im mindesten zu nahe treten, im Gegentheil, es gibt Niemanden, der das Wirken so vieler vortrefflicher Vereine mehr anerkennt, als ich; ja, es sind mir noch immer viel zu wenig Vereine und mitunter ließe sich der Wirkungskreis der bestehenden noch viel weiter ausdehnen, — dafür liegen hundert Beweise vor.

Couplet.

Wie weise dieß, daß man daran gedacht,
Die Kinder vor all'n zu bewahren,
Daß man schon die keimenden Seelen bewacht
Vor Roheit und Sittengefahren;
Dieß muß jeden Menschenfreund innig erfreu'n,
D'rum Lob dir und Heil — Kinderbewahrungs-Verein!
Doch brauchten auf Ehre Bewahrung nicht minder
Mitunter vierundzwanzigjährige Kinder,
Trag'n sie statt den Windeln auch Fracks und Quäcker,
Sind's doch viel ungezogener und lecker,
Begeh'n frechen Diebstahl — 's ist wahr, was ich sage,
Sie stehlen dem Herrgott nur ab seine Tage,
Berauben die Mädel, molestiren die Frauen,
Für die sollt' man auch eine Crèche erbauen,
Es wäre, beim Himmel! Ein Schauspiel für b'Engel —
In der Wiege sest eingefatscht solch' ein Engel,

Statt Cigarren den Sutzel im Maul. —
Ich komm' ein
Um den. »Große Fratzen-Bewahrungs-Verein!«

Auch in dem Gefall'nen den Bruder noch seh'n,
Dem, der aus dem Kerker entlassen,
Mit Rath und kräftiger Hilf' beizusteh'n,
Daß er kann das Bess're erfassen,
Das ist schöne Menschenpflicht, darum Gedeih'n
Dem »Entlassener Sträfling-Besserungs-Verein!«
Doch kenn' ich Einen, der war bloß verblendet,
Im Rausch nun hat er sich zum Argen gewendet,
War nämlich verliebt so recht über die Ohren,
Hat g'heirat't und so seine Freiheit verloren,
Gestraft war er g'nug, doch der Himmel war gnädig,
Nahm ihm seine Frau und der Straf war er ledig.
Doch kaum noch befreit von den drückenden Banden,
Ist wieder die Neigung zum Rückfall vorhanden,
Bald bleibt er im Koketterie-Netze hangen,
Und gibt sich zum zweiten Mal' als Eh'mann gefangen.
Kann, schon einmal verbrannt, doch das Feuer nicht scheu'n,
Warum nimmt den nicht in Schutz auch ein »Sträfling-Verein?«

Das Rindfleisch ist theuer, zu erschwingen kaum mehr,
Wir werden's die Ochsen schon lehren!
Wir schlachten jetzt Rosse und sehet nur her,
Wir bringen auch ihr Fleisch zu Ehren,

Jetzt werden die Ochsen bald billiger sein,
Na, guten Appetit, Pferdfleisch-Esser-
     Verein!
Und richtig, man gibt jetzt Festessen mit
     Zwecken,
Macht Braten und Ragout aus den
     Schimmeln und Schecken,
Doch bitt', meine Herr'n, das ist noch
     nicht der Rechte,
Der Esel g'hört auch mit zum Pferdege-
     schlechte.
Und 's gibt manchen Esel, den man nicht
     kann packen,
Und ihn auf der Stell zu Salami ver-
     hacken.
Denn d' Natur hat als Stiefmutter geg'n
     ihn sich benommen,
So daß um zwei Füß' er zu kurz ist ge-
     kommen,
Wenn da der Verein auf ein Mittel möcht
     sinnen,
Daß auch solchen man könnt' Geschmack
     abgewinnen —
Es könnt neben dem Roß-Diner auch noch
     gedeih'n,
Ein zweibeiniger „Esel - Ausschrot-
     tungs-Verein."

Die Maler schrei'n lange: „Es geht uns
     nicht gut,
Für die Kunst thut so wenig geschehen."
So sah man denn endlich auch ein In-
     stitut
Für Maler und Bildner entsteh'n.
Und Jeder wünscht herzlich das beste Ge-
     deih'n,
Dem bildende „Künste-Beförderungs-
     Verein!"
Doch sieht man so Manche, die Künstler
     sich taufen,
G'rab über die Kunstverein d'Haar sich
     ausraufen,
„O mein Gott," so schreien's, „zu Grund
     müssen wir geh'n,
Wenn die Leut' da die ausländischen Bil-
     der auch seh'n,

Ein Paul de la Roche und ein Horace
     Vernet,
Ein Tiedemann, Lessing, Büsse und
     Gallait,
Neben denen verschwinden ja ganz unsere
     Namen,
Unsere Bilder bleiben ungekauft in den
     Prachtrahmen."
Und statt, daß solch' Kunstwerk auch sie
     reizt zum Streben,
Schimpfen's lieber und bleiben beim Schlen-
     drian kleben;
So lang' manche Künstler dem Handwerk
     sich weih'n,
Kommt die Kunst nicht zur Blüthe trotz
     allem Verein!

Es neigt sich zur Milde das Herz edler
     Frauen,
Sie einten sich mit zarten Händen
Den Tempel der Wohlthätigkeit zu er-
     bauen,
Und Hilfe den Armen zu spenden.
Sind Engel die Gründer, gib Gott das
     Gedeih'n —
Ein dreifaches „Hoch!" dir, edler Frauen-
     Verein!
O möchte von all' unseren Frauen doch
     keine
Sich ausschließen von diesem schönen
     Vereine,
Besonders die Frauen, deren Mann oft
     schlecht d'ran ist,
Und arm nur deßhalb, weil er eben ihr
     Mann ist,
Dieweil sie nicht Sinn für ihr Haus, für
     ihr Kind hat,
Auf Putz nur verthut, was er mühsam
     verdient hat.
Auf Bällen sich umtreibt und auf den Re-
     douten,
Indeß durch ihren Leichtsinn der Mann
     muß verbluten.
Wenn all' solche Frau'n zur Erkenntniß
     doch kämen,
Sich einten — zum Bundes-Gesetze zu
     nehmen:

Den eigenen Männern 'ne Hilfe zu sein,
Das wär' auch ein »Wohlthätiger Frauen-Verein«! —

Ein deutsches Lied, gesungen im Chor,
Muß jedweden Hörer beleben,
Es begeistert das Herz und entzücket das Ohr,
Wenn vereint sich die Stimmen erheben.
Glück auf denn zur Sängerfahrt draußen
im Frei'n,
Du herrlicher Männer-Gesanges-Verein!
An einen Chor werd' ich stets mich er-
innern,
Nach Jahren hallet er tief noch im Innern,
Als Schreckliches drohte dem deutschen
Haupte,
Zuerst man voll Angst schon gefährdet
es glaubte,
Und gleich darauf die tröstende Kunde
erschallet:
Er ist uns gerettet! ha! sieh, wie da
wallet
Die Menge zum Dom, — singt begeisternde
Lieder
Und weit in den Städten und Bergen hallt's
wieder,
Wie ein Lied aus einem Mund' tönt's
in der Runde,
Durch Millionen von Sängern im herr-
lichsten Bunde.
Die himmlischen Heerschaaren stimmen
mit ein,
Das ist unser »Völker-Gesanges-
Verein«.
(Er geht zur Maueröffnung, durch die er ge-
kommen.)
Verwandlung.
(Großer Pavillon im gräflichen Park. Die Hin-
terwand besteht aus breiten, beinahe bis an die
Decke reichenden Glasthüren, welche mit großen
Vorhängen gedeckt sind. Rechts und links
Seitenthüren.)

Sechste Scene.
Anton, James, Franz.

Anna (kommt in vollem Schmuck, die
beiden Diener folgen ihr). Seht nach, ob im
Parke bereits alle Anordnungen zum heutigen Feste getroffen sind!
Franz. (Ab.)
Anna. Und wenn Herr Timmel zurück-
kommt, bestellt ihn augenblicklich zu mir!
James. (Ab.)
Anna (gedankenvoll). Die letzte Waffe
gegen mich habe ich ihm nun entwunden,
mag er jetzt auch frei werden, er wird es
nur für den Verlust der Geliebten, die ich
noch heute zur Vermälung mit Heinfels
zwinge! — Ich habe mich dann an ihm
als Menschen und als Künstler gerächt,
und er bleibt mir gegenüber ohnmächtig!

Siebente Scene.
Anna, Timmel, dann Hartinger.

Timm. (durch die Seite links). Gnädige
Frau?!
Anna. Ah, eben recht! — Sagen Sie
mir, wie konnte man sich unterstehen, die
Bildsäule im Parke aufzustellen, ohne mich
früher in Kenntniß zu setzen?
Timm. Um Vergebung, Ew. Gnaden
— die Excellenz haben noch vor einigen
Tagen selbst Befehl gegeben, und da der
Guß wirklich zur bestimmten Frist voll-
endet war, so habe ich die Aufstellung vor
sich gehen lassen. — Ich habe keine Contre-
Ordre erhalten.
Anna. Sind die Ereignisse der letzten
Tage nicht an und für sich Contre-Ordre
genug? Doch Sie haben das Staubbild
gesehen? —
Timm. Allerdings, gnädige Frau!
Hart. (tritt in diesem Augenblicke durch
die Seitenthür ein, zieht sich aber, die Anwe-
senden bemerkend, zurück und bleibt lauschend
stehen).
Anna. Nun, sprechen Sie, was halten
Sie von dieser Statue?
Timm. (verlegen). Ich? Ich weiß
wirklich nicht — aber in so weit — das
heißt — ich meine — wenn man nämlich
bedenkt — —

Anna (zornig). Wenn man bedenkt? — Was gibt's da zu bedenken, wo der erste Anblick genügt, um es als ein durch und durch verfehltes Pfuschwerk eines Stümpers zu erkennen!

Hart. (für sich). Was?

Timm. (verbeugt sich). Allerdings, gnädige Frau; das wollt ich eben sagen!

Hart. (für sich). O du Rind! —

Anna. Ich habe dieses Urtheil bereits zum Grafen ausgesprochen, und will ihm den Zorn, den ihm der Anblick dieses ganz verfehlten Werkes bereiten würde, ersparen! — Ich habe den Architecten beauftragt, das Ganze auf eine passende Art zu verhüllen — gleich nach Beendigung des Festes reisen wir ohnehin auf einige Wochen nach der Residenz und während unserer Abwesenheit soll ein anderer Bildhauer das Erzbild umschmelzen!

Hart. (der sich nun nicht mehr zurückhalten kann, tritt entrüstet vor). Was? — Meinen Guß umschmelzen? — Million-Kreuz-Bomben und Erdäpfel! —

Anna (erschreckt). Herr des Himmels!

Timm. Mann! — Was erlaubt Ihr Euch?

Hart. Maul halten! — (Vortretend.) Das Monument, der Guß, der so rein und makellos ist, daß der Graf froh sein muß, wenn alle seine Ahnherrn so gegossen sind — und das eine Pfuscherei?! —

Timm. Ja, das ist es — elendes Pfuschwerk! —

Hart. Was? — Sie sind ja ein unverschämter Bettler.

Timm. Was meint Ihr? —

Hart. Gestern sind Sie erst mit einer Ohrfeige betheilt worden und heute betteln Sie mir schon wieder eine ab?

Anna. Welche Sprache erlaubt Ihr Euch in meiner Gegenwart? — Ich werde meine Leute —

Hart. Fürchten Sie sich nicht, ich thue Ihnen noch nichts; ich sag Ihnen nur im Guten: Machen Sie Friede mit mir!

Anna. Mit Euch hab' ich ja nichts zu thun!

Hart. Wer meinen Vetter angreift, der greift mich an, und wer mich angreift, den — (ballt grimmig die Faust. — dann wieder sich besinnend) — — aber ich will ruhig mit Ihnen reden! Also wollen Sie Frieden machen mit mir?

Anna (höhnisch). Das heißt wohl Frieden mit eurem Vetter? Da wäre ich auf die Bedingungen neugierig!

Hart. Die sind sehr einfach: „Richard wird heute noch frei, kriegt seine Geliebte zum Weib und das Monument wird feierlich enthüllt!" — sonst verlangen wir nichts und mischen uns nachher auch nicht in Ihre Angelegenheiten! — Also zum letzten Male: „Wollen Sie Frieden oder Krieg?"

Anna (verächtlich). Mit Wahnsinnigen habe ich nichts zu schaffen! (Will fort.)

Hart. (hält sie zurück). Halt! — Also Sie wollen Krieg mit uns? — Gut! aber da schauen's her! (Seine flache Hand weisend.) Die Hand — und — (Anna's Finger betrachtend) diese zarten Finger! — Wenn wir Zwei zum Raufen kommen, werde ich Ihnen die Fingerchen so zusammenquetschen, daß Sie helllaut zu schreien anfangen! —

Timm. (hat Seite rechts gelauscht). Die Gesellschaft — der Herr Graf! —

Anna. Der Graf? — Verlaßt mich, oder —

Hart. Sie brauchen mir gar nicht zu drohen, jetzt geh' ich, denn jetzt ist der Graf noch blind — aber es wird ein Augenarzt kommen — kein Hühneraugenarzt und wenn der seine Operationen gemacht hat, dann sollen Sie mich wiedersehen. — Behüt' Sie Gott! (ab.)

Anna (zu Timmel). Daß dieser Mensch keinen Fuß mehr auf unsere Besitzung setzt, so lange wir hier sind! —

Timm. Ich werde Sorge tragen!

Anna. Geben Sie den Portiers an allen Ausgängen des Parkes die strengste Weisung, daß Niemand, hören Sie, Niemand eingelassen werde, der sich nicht mit einer

Einlaßkarte zum heutigen Feste ausweisen kann!

Timm. Ist ohnehin schon besorgt, aber es sind da eine Menge Leute bestellt, die zum Vergnügen der Gäste wirken sollen. Tänzer, Musiker, Taschenspieler und derlei Volk!

Anna. Diese werden rückwärts im Wirthschaftsgebäude untergebracht, bis man sie zu den Productionen braucht. — Timmel, ich binde es Ihnen auf die Seele, daß Sie heute jede unliebsame Störung verhindern, dafür will ich mit all' meinem Einflusse mich an der Erfüllung Ihrer Wünsche betheiligen. — Auf Wiedersehen! (Ab.)

Timm. (allein). Gott! Nur den heutigen Tag schon vorüber; nur meine Tochter schon unter der Haube — und die Herrschaften wieder in der Stadt — dann habe ich doch einmal wieder Ruh! (Links ab.)

Achte Scene.

Der Graf, Baron Kielbach und Baron Schultheim (treten im Gespräche auf).

Graf. Ich bitt' Euch, laßt ab, mir Gegenvorstellungen zu machen!

Kielb. Aber lieber Vetter, dein eigenes Wohl! —

Graf. Ja, die Sorge um mein Wohl schützt Ihr immer vor, wenn Ihr Frau v. Maihold verleumden wollt! —

Schuldh. (beleidigt). Verleumden?!

Graf. Ja! — Oder könnt Ihr für eure üblen Nachreden Beweise liefern?

Kielb. Hm! — Beweise!?!

Graf. Seht Ihr, das könnt Ihr nicht, und so lange Ihr das nicht könnt, danke ich Euch für alle wohlgemeinten Warnungen! — (Wendet sich unwillig ab.)

Neunte Scene.

Vorige. Timmel.

Graf (rasch zu Timmel). Nun, wie steht's mit Hornfels? —

Timm. Gott sei Dank, außer Gefahr, er trägt zwar noch den Verband, was ihn aber nicht hindert, heute noch hier zu erscheinen.

Graf. Nun, seine schnelle Herstellung wird das Los des armen Bildhauers mildern!

Timm. O, der kommt vielleicht besser b'raus, als er's verdient, vielleicht so ganz straflos! —

Graf. Wie das?

Timm. Um nämlich meine widerspenstige Tochter endlich zu bewegen, ihm ihre Hand zu reichen, hat Hornfels ihr geschworen, daß er, sobald sie den Contract unterschrieben haben wird, vor Gericht seine Verwundung als keine vorsätzliche bezeichnen und somit die augenblickliche Freilassung des Bildhauers bewirken wird!

Graf. Und Ihre Tochter? —

Timm. Will noch immer nicht!

Graf. Ich will ihr selbst noch vernünftige Vorstellungen machen; doch wie ist's? — Die Gäste werden sich bald versammeln, ist für die Divertissements gesorgt?

Timm. Ah! hinlänglich; Productionen aller Art sind vorbereitet! — Da ist unter andern eben ein komischer Kerl angekommen, ein Italiener, der sich Professor der Magie nennt!

Graf. Ah! Ein Taschenspieler! — Man könnte ihn eine kleine Probe ablegen lassen, so haben wir einen Zeitvertreib, bis die übrigen Gäste kommen! Lassen Sie ihn eintreten! —

Timm. (öffnet die Seitenthür). Sie mögen kommen!

Zehnte Scene.

Vorige. Robert (unkenntlich durch langes falsches schwarzes Haar und schwarzen Vollbart. Er ist ganz schwarz gekleidet, schwarzes Tricot, schwarzes Collet u. s. w., tritt keck ein).

Rob. Ah, Signore Conte io ho l'onore di far i miei complimenti e d'esser il vostro schiavo e umilissimo servitore!

Ich habens der Ehr' zu probnei'n heut mein Ingenio vor der hohen Gesellschaften und seinsen gekommen, zu machen vorher meine Aufwartlichkeiten bei der Eccellenza! Il mio nome è Paolo Balxavinetti, ich sein der cellebrissimo professore Balxavinetti, was haben setzen in estasi der ganzen mondo mit seiner Wissenschaftlichkeiten. Ich haben machen Fortuna immensa in alle Stabten und Lauben. — Ich haben mir probuziren in Parigi, in Londra, in Petroburgo, in Vienna, e in questo momento, in dieser Augenblicken io sono qui al vostro servizio! —

Graf. Haben Sie Ihre Apparate bei sich?

Rob. Apparati? — Cosa vol dire? — Corpo di Baccho! Ich branch keine Apparati! — Sie mußen nit glauben, daß ich seinsen come gli altri, wie eine povero diavolo von eine Taschenspieler, was brauchens zu seiner produzione viele machine e instrumenti und come se dice in tedesco: Koffer mit zwei Boden doppelte! — Oh no! Meine Apparati sein meiner spirito, mein ingenio, la forza della mia volontà, e poi i miei occhi — le miei mani! — Eccole. Da sein tein doppelter Boden, keine Einverstaublichfeiten! Ich machen Alles, was ich wollen, durch meine influenza magnetica! —

Graf. Also Sie weichen ganz ab von der gewöhnlichen Art Ihrer Kunstgenossen?

Rob. Si, Signore Conte! — Ich sein eine Ausnahmlichfeiten! Heut zu Tag Taschenspieler sein viel — ba — ba — ba — überall'; — aller Menschen pfuschen in unsere Künsten, ma io sono pinche persuaso, — der allergefährlichsten Taschenspieler sein der Menschen, was gar nit heißen Taschenspieler! — Per esempio! Geh'n Sie auf die Börs', finden lauter Taschenspieler, was eramotiren mit großen Geschicklichkeiten die moneta von einer Taschen in die andere; — suchen Sie eine avvocato, adesso, Sie finden auch eine Taschenspieler, was escamotiren auf der Bilanza, auf der Wagen von der santa giustizia der Rechten und der Unrechten immer von einer Seiten auf der andern! — Suchen Sie eine redattore von eine giornale, adesso, Sie finden auch eine Taschenspieler, was machen der Kunststucke mit der Flaschen mit aller Artiste; aller Artiste müssen schlucken, dolce e garbo — süß und sauer und der Flaschen von der Redattore werden gar niemals leer — Ma — das seinsen Alles nix gegen meine Geschicklichkeiten, ich machen Alles durch meine influenza magnetica und jeder Menschen muß machen, was ich wollen, er mag wollen oder nitte!

Graf. Na, da wäre ich doch neugierig!

Eilfte Scene.

Vorige. Anna. Minna. Hornfels.

(Anna führt Minna an der Hand, Hornfels trägt den Arm in der Schlinge und folgt ihnen.)

Timm. (geht mit Robert in den Hintergrund).

Graf. Ah, meine holde Braut!

Anna. Ich komme Sie zu bitten, Ihren Einfluß auf dieses eigensinnige Geschöpf geltend zu machen! —

Minna (kniet). Herr Graf, um Gottes willen, retten Sie mich!

Graf. Liebes Kind, stehen Sie auf!

Minna. Sie — Sie allein vermögen mein Glück zu begründen, indem Sie einen unschuldigen Verhafteten aus seinem Kerker befreien!

Anna. Das vermagst Du nur selbst, indem Du den Contract unterzeichnest, welchen der Notar im Nebengemach bereit hält — und Du wirst es! —

Minna. Nimmermehr!

Graf. Hören Sie mich ruhiger an! —

Timm. (flüstert dem Grafen einige Worte in's Ohr).

Graf. (zu Timmel). Narrheit! — Mir scheint, Sie sind albern genug, hinter einem

3*

solchen Charlatan wirklich eine höhere Macht zu vermuthen?!

Timm. (leise). Aber ich habe ihm den ganzen Fall mitgetheilt, und er sagt, er sei es im Stande, das Mädel zur Raison zu bringen! — Erlauben Sie es doch; — nur als Probestückchen! —

Graf. Thun Sie, was Sie wollen! —

Timm. Maestro! — Ich bitte Sie! —

Rob. (feierlich). Lasciate mi! (Drängt ihn von sich, streift die Aermel zurück dann in Extase Alle von sich abwehrend). Lasciate mi solo con questa Signorina! — Wie heißen Er?

Timm. Timmel!

Rob. Wie Er heißen?

Timm. Ah — Er! — Er heißt Minna!

Rob. (geht mit rollenden Augen, die Hände mit den inneren Flächen gegen Minna gekehrt. auf diese zu). Minna! — Minonna! — Minonettina!

Minna. Mein Gott, was soll das? Befreit mich von dem Wahnsinnigen! — (Flieht vor ihm auf die andere Seite.)

Rob. (ist ihr mit gemessenem Schritte gefolgt, dann, noch in der Haltung des Magnetismus, rasch aber leise). Kennen Sie mich denn nicht. Ich bin ja der Freund Ihres Geliebten?

Minna (überrascht). Ha!!

Graf (erstaunt). Was geht vor? —

Timm. (hält den Grafen zurück). Ich beschwöre, Ew. Gnaden, stören Sie ihn nur jetzt nicht im Magnetisiren! Sehen Sie nur, wie sie ihn anschaut, wie gespannt!

Rob. (der immer leise zu Minna gesprochen). Folgen Sie meinem Rath, unterschreiben Sie da d'rinn den Contract! Sie riskiren gar nichts, wir vernichten ihn später wieder, und jetzt machen Sie die Augen zu und fallen Sie um, sonst sind wir alle Beide blamirt!

Minna (sinkt auf die Knie). Ich vertraue Ihnen! (Schließt wie überwältigt die Augen und gleitet so zum Boden, daß sie eine knieende Stellung einnimmt.)

Rob. (führt sie fort). Adesso! Der Signora werden Alles machen und unter-schreiben, was Sie wollen! — Adesso! — (Führt sie ab und winkt Timmel und Hornfels ihm zu folgen.)

Timm. Nach Odessa will er! — Merkwürdig!

Hornf. Er winkt uns! Folgen wir ihm! (Ab mit Timmel.)

Anna (blickt in die Seitenthür). Er führt sie zum Notar!

Alle (sehen sich erstaunt an).

Graf. Was bedeutet das Alles?

Anna (in's Zimmer sehend). Bei Gott, sie unterschreibt! Jetzt sinkt sie erschöpft in den Divan! —

Zwölfte Scene.

Vorige. Timmel. Hornfels. Robert.

Timm. (herauseilend). Sie hat unterschrieben! — Kein Wort des Widerspruchs!

Anna (zu Robert). Mein Herr, dürften wir Sie wohl um Aufklärung bitten?

Rob. Pardonate, Signora. Das sein ja meine Secreto, das sein der Mystero von die Magnetismo!

Timm. Aber daß sie die Augen immer geschlossen hielt?!

Rob. Per dio! — Tutti i fidanzati — aller Brautleuten haben geschlossene Augen, ma mach nix, wann sie sein paar Tagen verheirat, geh'n schon wieder auf der Augen! —

Graf (hat leise mit Hornfels gesprochen)

Hornf. (als Antwort auf das vom Grafen ihm Zugeflüsterte). Ich eile Steinwald's Befreiung zu veranlassen! (Ab.)

Graf (zu Robert). Sie haben unser Staunen erregt! —

Rob. Bah! — Was ich haben mache mit der Signorina, seinen noch gar nix — ma, wenn ich werd machen meine Experimenti mit der Somnambulismo! —

Dreizehnte Scene.

Vorige. Ein Diener, dann Gäste.

Diener. Herr Graf, die Gäste! (Er öffnet die Seitenthür.)

(Die Gesellschaft tritt ein.)

Graf (ihnen entgegen). Meine werthen Freunde, ich bitte, einige Minuten hier zu verweilen, aber nehmen Sie sich in Acht, Sie befinden sich hier in dem Bereiche eines mächtigen Zauberers!

Gäste. Eines Zauberers?!

Graf (zu Robert). Sie versprachen uns noch ein Experiment mit Somnambulen. Sie haben wahrscheinlich schon eine bestimmte Person bei sich, welche Sie in diesen Zauberzustand versetzen?!

Rob. O no, no! Ich haben bei mir nessuno! — Niemand! Ich machen sonnambuli tutti! — Wer will!

Timm. (erstaunt). Tutti?!

Rob. Jeder wer will!

Anna. Wer will? — Jede beliebige Person? — Das dürfte Ihnen denn doch mißrathen! Wie, wenn ich selbst Sie aufforderte, mich jetzt hier vor all' unsern Gästen in jenen Zauberschlaf zu versetzen?

Graf. Anna, was wollen Sie thun? —

Anna (halblaut). Ich will ihn nur ein wenig in Verlegenheit setzen! (Laut.) Nun, wollen Sie es wagen?

Rob. Si, signora!

Anna. Sie wollten wirklich?

Rob. Con gran piacere! — Una sedia! — Ein Stuhl! — Sedettevi! Setzen Sie sich!

Anna (setzt sich). Ich wage es! —

Rob. Adesso. Ich werde machen meine manipulazione. (Macht die Handbewegung des Magnetisirens.) Sie werden schlafen ein, e poi ich werden fragen und Sie werden mir sagen veramente die ganzen Geheimnisse von Ihre Herzen und Ihre amore!

Anna (steht wieder auf). Nein, nein, ich will nicht! —

Graf (befremdet). Sie weigern sich nun mit einem Male?

Kielb. (boshaft). Es wäre sehr interessant gewesen — recht schade, daß die gnädige Frau nun so plötzlich —

Anna (etwas verlegen). Ich denke, zu solchen Experimenten dürften Sie noch andere Personen finden!

Timm. Wenn Ew. Gnaden wünschen, vielleicht Jemanden vom dienenden Personal!

Rob. Bravo! Una fantesca!

Timm. Ja, eine Fadeß! — Ich werb' gleich nachschau'n. (Geht zur Eingangsthür.)

Rob. (für sich). Er wird nicht lang zu schauen brauchen; meine Kathi steht schon d'raußen auf'm Gang und ist von Allem unterrichtet, und ich hoffe, daß sie als Wäscherin nicht auf ihre Roll' vergessen wird!

Timm. Ah! — Famos! — Da plantbert eben so ein kleines Ding mit einem Diener! — He, Du, Kleine komm' herein!

Graf (zu Robert). Sagen Sie ihr nicht, was für ein Experiment Sie mit ihr vornehmen wollen!

Rob. Come vi piace, Eccellenza, come vi piace! —

Vierzehnte Scene.

Vorige. Kathi.

Kathi (schüchtern eintretend). O mein Gott, die Menge Leut' — o je, und der Herr Graf — und die gnädige Frau — füß' b'Hand, Herr Graf — Sie, was soll ich denn da?

Timm. Nur nicht so scheu! — Du hast nichts zu thun, als was Dir der Herr da (auf Robert zeigend) angeben wird!

Kathi. Der Schwarze?

Rob. Va bene! Su questa ragazza — auf dieser Madel ich werden haben vieler magnetischer Einflüssen! — Setz Dir, mein liebes Kind! —

Kathi. Was? — Niedersetzen! — Da hier? — Ah, das schickt sich ja gar nicht!

Graf. Setze Dich nur, mein Kind.

Kathi. Ja? — Na, wenn's der Herr Graf erlaubt, (setzt sich) daß ich den Schlaf nit austrag! — Sitz schon! —

Rob. (magnetisirt sie).

Kathi (nach einer Pause). Na nit! — Was ist denn das? — Mir gruselt's (zuckt) durch Mark und Bein! — Hörens auf! — (Robert macht mit den Händen vor ihren Augen magnetische Bewegungen und haucht ihre Augen an.) Ich will fort — ich kann nicht fort! — So schwer meine Augen — O Gott, ich sterbe!

Graf (halblaut). Schläft sie wirklich?

Rob. Ecco! Ella dorme! — Er schlafen (Zieht ein versiegeltes Päckchen hervor.) Adesso, ich haben hier un Pacchetto sigillato, eine kleine versiegelte Pacchetto, feinsen nir zu sehen, nir zu greifen, ich werden legen der Sonnambula der Paketo auf der Herzen, e poi, ich werden fragen, und er werden mir sagen, was feinsen b'rinn in diese Pacchetto? — und der Eccellenza und der hohen Gesellschaften können sich dann überzeugen, ob sie haben errathen richtig!

Anna. In der That, das wäre neu!

Rob. (legt das Päckchen auf Kathi's Brust). Dite mi! Sagen mir, was feinsen in diese Pacchetto?

Kathi (schlafend). Asche von verbranntem Papier!

Timm. Is das wahr?

Rob. Pst! — Weißen Du auch, woher ich haben der Aschen!

Kathi. Ja, sie ist aus dem Kerker Nr. 2 im alten Herrenhause!

Anna (erschreckend für sich). Was sagt sie? — Doch was liegt daran, wenn's auch die Asche meines Briefes ist! —

Rob. (zu Kathi). Was sein gewesen der Karta, der Papiere, als noch nite gewesen feinsen verbrannten!

Anna (ängstlich). Mein Gott, sie wird doch das nicht auch verrathen!

Kathi (immer mit geschlossenen Augen, aber scheinbar sich innerlich abquälend). Ja! — Ich seh' es, — ein Brief!

Rob. E vero! — Eine lettera! — Und wer haben geschrieben der lettera?!

Kathi. Anna von Maihold!

Alle (erstaunt). Wie? — —

Graf (zu Anna). Sie? — Sie! (Rasch.) Und an wen? — An wen? —

Timm. Acquit soll sie geben! —

Rob. An wen? —

Kathi. An den Bildhauer Richard Steinwald.

Alle (sehen erstaunt auf Anna).

Anna. Elendes Komödienspiel! —

Rob. Ich befehlen Dir, Du sollen lesen der lettera aus der Aschen! —

Kathi (recitirend). „Mein innigst geliebter Richard!"

Graf. Wie?

Anna (einer Ohnmacht nahe). Lüge, — schändliche Lüge! —

Rob. Avanti! Avanti! Weiter!

Kathi. „Du quälst mich und Dich mit ungegründeter Eifersucht! — Kannst Du denn glauben, daß mein Herz, in dem nur dein Bild lebt, auch nur das leiseste Gefühl für einen so alten Mann wie der Graf — —"

Anna (wüthend). Unerhörte Frechheit! Und Sie, Graf, Sie dulden solche Schmähungen, für die kein Beweis möglich ist!? —

Graf (streng zu Robert). Ja, mein Herr! Sie werden beweisen, ob Sie nicht ein strafbares Gaukelspiel mit der Ehre einer Dame, mit meiner Ruhe spielen, oder —

Rob. Beweisen? Vederemo! — Wir wollen sehen, was feinsen b'rinn in diese pacchetto! (Reißt das Siegel auf, löst langsam das Couvert ab und nimmt Anna's Brief heraus.) — Ecco! Der Aschen haben sich verwandelt und hier sein der Brief von der Signora!

Anna (sich vergessend und aufschreiend). Mein Brief? — Unmöglich! — Ich hab' ihn selbst verbrannt — die Flamme gesehen, seine Asche berührt! —

Rob. (In seiner gewöhnlichen Sprache). Sie haben aber nur vergessen, daß der Brief von einer Wäscherin eben so viel Flammen und Asche gibt, wie der einer vornehmen Dame. —

Graf. Welche Sprache?

Rob. (reißt seine Maske weg). Ja, mit der Frau muß man schon deutsch reden, da geht's mit dem Wällischen nicht! — Kathi — steh' auf! — Kathi, es ist aus! Kathi, ich heirat' Dich! —

Kathi (springt auf). Ja!?

Rob. Das war ihr Stichwort, auf das hat sie gewartet! — Kathi, mach die Augen auf; jetzt wird Mancher sehend werden, der früher durch seine Gutmüthigkeit zu lang blind war! —

Graf (hat den Brief gelesen). Ein unläugbarer Beweis! — (Zu Anna.) Madame! Der heutige Tag, an welchem ich Sie vor aller Welt anerkennen wollte, läßt mich Sie erst im wahren Lichte erkennen; vor aller Welt gestehe ich nun meinen Irrthum ein — verlassen Sie mein Schloß, um es nie — nie wieder zu betreten.

Anna (will ihm zu Füßen fallen).

Graf (macht eine abwehrende Bewegung).

(Einige Damen (führen die halbohnmächtige Anna fort).

Graf (zu Robert). Mein Herr, ich bin Ihnen Dank schuldig! — Wer sind Sie?

Rob. Nichts als ein dankbarer Jugendfreund des Künstlers Richard Steinwald!

Graf. Dem Künstler soll Genugthuung werden, ich habe bereits Hornfeld beauftragt, seine Freilassung zu erwirken.

Fünfzehnte Scene.

Vorige. Hornfeld (tritt bei den letzten Worten des Grafen von links ein).

Hornf. Und ich habe den Auftrag vollzogen, indem ich dem Richter bekannte, daß ich während des Ringens in dunkler Nacht selbst in den Hirschfänger rannte.

Graf. Und wo ist Steinwald?

Sechzehnte Scene.

Vorige. Hartinger, dann Minna und Richard.

Hart. (von links). Steinwald? Mein Vetter? — Der ist dort, wo er heut' hingehört, bei dem Monument, das man jetzt doch wohl anzuschauen der Mühe werth finden wird! —

Graf. Ja! — Ich will mich überzeugen.

Rob. Bravo! — So soll nach so vielen Enthüllungen jetzt auch noch diese vor sich gehen? — Aber dazu brauchen wir noch Jemanden! — Heraus, mein Fräulein — heraus! (Ist zur andern Thür geeilt.)

Minna (tritt ihm entgegen).

Rob. Hier ist seine Braut! — Sie ist erwacht zum Glück — zum neuen Leben! — Auf!!

(Unter rauschenden Accorden öffnet sich rückwärts der große Vorhang; — man blickt in den Park. und sieht das im hellsten Lichte prangende Erz-Monument, einen geharnischten Ritter, von einer lebenden Person dargestellt.)

Rich. (steht am Fuße des Monuments).

Minna (entzückt). Richard, mein Richard!!

Rich. (eilt Minna entgegen und schließt sie in seine Arme).

Timm. (segnet die Liebenden).

Rob. Kathi — jetzt wird geheirat!

Kathi (fliegt in seine Arme).

Alle. Es lebe das Brautpaar! — Hoch der Künstler! —

(Unter rauschender Musik fällt der Vorhang.)

Ende.

In unserem

Wiener Theater-Repertoir

erscheinen demnächst:

Er kann nicht lesen!

Posse in einem Acte

von

M. A. Grandjean. 7½ Sgr. oder 35 kr.

Ferdinand Raimund.

Künstler-Skizze mit Gesang in drei Acten

von

Carl Elmar. 12 Sgr. oder 60 kr.

Der Zigeuner.

Genrebild mit Gesang in einem Acte

von

Alois Berla. 7½ Sgr. oder 35 kr.

Ein Lump.

Posse mit Gesang in drei Acten

von

Friedrich Kaiser. 12 Sgr. oder 60 kr.

Druck und Papier von Leopold Sommer in Wien.

17. Lief. Olga. Lustspiel in 1 Akt, frei nach dem Französischen von L. Julius.
7½ Sgr. oder 35 Nkr.

18. — Zwei Pistolen, oder: Erschossen und lebendig. Posse mit Gesang in 2 Akten, von Friedr. Kaiser.
10 Sgr. oder 50 Nkr.

19. — Der Bräutigam ohne Braut. Lustspiel in 1 Akt, v. Herzenskron. Zweite Auflage.
7½ Sgr. od. 35 Nkr.

20. — Ein Mädchen ist's und nicht ein Knabe. Lustspiel in 1 Akt nach dem Französischen, von Herzenskron. Zweite Auflage.
7½ Sgr. oder 35 Nkr.

21. Elias Regenwurm, oder: Die Verlobung auf der Parforcejagd. Posse mit Gesang in 2 Akten, v. Friedr. Hopp. 12 Sgr. od. 60 Nkr.

22. — Huang-Puff. Posse in 1 Akt, nach dem Französischen der Herren Caignéz u. Louis, frei bearbeitet von Herzenskron. Zweite Auflage. 7½ Sgr. oder 35 Nkr.

23. — Der Kuß an den Ueberbringer. Lustspiel in 1 Akt nach dem Französischen des Scribe von Herzenskron. Zweite Auflage.
7½ Sgr. oder 35 Nkr.

24. — Das Häuschen in der Aue. Lustspiel in 1 Akt, nach dem Französischen, La maison de bois, von Caignéz, frei bearbeitet von Herzenskron. Zweite Auflage.
7½ Sgr. oder 35 Nkr.

25. — Die Nebenbuhler. Lustspiel in 5 Akten, nach Sheridan's »Rivals« aus dem Englischen übersetzt und zur Aufführung eingerichtet von F. C. Hanler. 10 Sgr. oder 50 Nkr.

26. — Onkel Tom. Amerikanisches Zeitgemälde mit Gesang und Tanz in drei Abtheilungen nebst einem Vorspiele, nach Stowe's Roman: »Onkel Toms Hütte,« von Th. v. Megerle.
10 Sgr. oder 50 Nkr.

27. — Ein alter Corporal. Charakter-Gemälde in 5 Akten, von Carl Juin und P. J. Reinhard. Theilweise nach Dumanoir.
10 Sgr. oder 50 Nkr.

28 — Servus, Herr Stutzer! Posse in 1 Akt, von Carl Juin und Louis Flerz. Neue Auflage. 7½ Sgr. oder 35 Nkr.

29. — Die Ehre des Hauses. Drama in 5 Akten, von Carl Juin und P. J. Reinhard. Nach Léon Battu und Maurice Desoignes.
10 Sgr. oder 50 Nkr.

30. Die Obsthändlerin des Königs. Drama in 3 Akten und einem Vorspiele, unter dem Titel: Der Wasserträger von Paris. Nach dem Franz. frei bearbeitet von Ther. v. Megerle. 8 Sgr. oder 40 Nkr.

31. — Gervinus, der Narr vom Untersberg. Posse mit Gesang in 3 Akten von A. Berla.
8 Sgr. oder 40 Nkr.

32. — Eulenspiegel, oder Schabernack über Schabernack. Posse mit Gesang in 4 Akten, von J. Nestroy. Zweite Auflage.
10 Sgr. oder 50 Nkr.

33. Lief. Hempel, Krempel und Stempel. Posse in 1 Akt. Frei nach Morton's: „Grimshaw, Bagshaw and Bradshaw," v. K. Graefer.
7½ Sgr. oder 35 Nkr.

34. — Wahn und Wahnsinn. Schauspiel in 2 Akten, nach Melesville's: Elle est folle bearbeitet von Lembert. Zweite Auflage.
8 Sgr. oder 40 Nkr.

35. — Ein Florentiner-Strohhut, oder: Fatalitäten an dem Verlobungstage. Posse mit Gesang in 3 Akten, von Carl Juin und L. Flerz. 8 Sgr. 40 Nkr.

36. — Ein neuer Monte-Christo. Original-Charakterbild in 3 Akten von Friedr. Kaiser.
12 Sgr. oder 60 Nkr.

37. — Die schöne Fiakerin. Lokaler Schwank mit Gesang und Tanz in 3 Akten. Nach einer älteren Kringsteiner'schen Posse, frei bearbeitet von A. F. Naske. 8 Sgr. oder 40 Nkr.

38. — Eine reife Melone. Schwank in 1 Akt nach Boyle Bernard's Platonic attachements, v. K. Graefer. 7½ Sgr. oder 35 Nkr.

39. — Der Arzt wider Willen. Schwank in 2 Akten, frei nach Molière, von K. Graefer.
7½ Sgr. oder 35 Nkr.

40. — Am Clavier. Lustspiel in 1 Akt von Th. Barrière und Jules Lorin. Nach dem Französischen frei bearbeitet von M. A. Grandjean. 7½ Sgr. oder 35 Nkr.

41. — All zu toll. Fastnachtsposse in 1 Akt, frei bearbeitet nach Selby's „My friend in the straps" von K. Graefer. 7½ Sgr. od. 35 Nkr.

42. — Die Geldfrage. Lustspiel in 5 Aufzügen, von Alexander Dumas Sohn, deutsch von P. J. Reinhard. 12 Sgr. oder 60 Nkr.

43. — Diana de Lys. Schauspiel in 5 Aufzügen von Alexander Dumas Sohn, deutsch von P. J. Reinhard. 12 Sgr. oder 60 Nkr.

44. — Der natürliche Sohn. Schauspiel in 4 Aufzügen und einem Vorspiel in 1 Aufzuge, von Alexander Dumas Sohn, deutsch von P. J. Reinhard. 12 Sgr. oder 60 Nkr.

45. — Die Dame mit den Camelien. Schauspiel in 5 Aufzügen von Alexander Dumas Sohn, deutsch von P. J. Reinhard.
12 Sgr. oder 60 Nkr.

46. — Ein Hut. Lustspiel in 1 Akt. Frei nach Mad. Emile de Girardin, von M. A. Grandjean. 7½ Sgr. oder 35 Nkr.

47. — Das hohe C. Lustspiel in 1 Akt von M. A. Grandjean. 7½ Sgr. oder 35 Nkr.

48. — Das Concert. Lustspiel in 1 Akt, von P. M. Daghofer. 8 Sgr. oder 40 Nkr.

49. — Ein weiblicher Monte-Christo. Charakterbild aus dem Pariser Leben, in 4 Abtheilungen und 5 Akten mit Musik und Tanz von Th. Megerle. 12 Sgr. oder 60 Nkr.

50. — Ein Mann ohne Herz. Genrebild in 5 Akten von Al. Fr. Pann. 8 Sgr. oder 40 Nkr.

51. Lief. Der Roman eines armen jungen Mannes. Schauspiel in 5 Aufzügen und 4 Tableaux von Octave Feuillet, bearbeitet für die deutsche Bühne von C. Juin und P. J. Reinhard. 12 Sgr. oder 60 Nkr.

52. — Im Dorf. Ländliches Charaktergemälde mit Gesang und Tanz in 3 Abtheilungen von Th. Megerle. 8 Sgr. oder 40 Nkr.

53. — Überall Diebe. Original-Schwank in 1 Akt von C. F. Stix. 7½ Sgr. oder 35 Nkr.

54. — Ein Rekrut von 1859. Volksstück mit Gesang in 3 Abtheilungen von D. F. Berg. 12 Sgr. oder 60 Nkr.

55. — Der böse Geist Lumpacivagabundus, oder: Das liederliche Kleeblatt. Zauberposse mit Gesang in 3 Aufzügen von Joh. Nestroy. Dritte Auflage. 12 Sgr. oder 60 Nkr.

56. — Frink und Compagnie. Charakterbild mit Gesang in 3 Akten von A. Barry. 12 Sgr. oder 60 Nkr.

57. — Der Wunderdoktor. Original-Lebensbild mit Gesang in 2 Akten von Karl Gründorf 12 Sgr. oder 60 Nkr.

58. — Der Mord in der Kohlmessergasse. Posse in 1 Akt nach dem Französischen von A. Bergen. 7½ Sgr. oder 35 Nkr.

59. — Möbel-Fatalitäten. Schwank in 1 Akt, von Anton Bittner. 6 Sgr. oder 30 Nkr.

60. — Eine Vorlesung bei der Hausmeisterin. Posse in 1 Akt von Alexander Bergen. 6 Sgr. oder 30 Nkr.

61. — Eulenspiegel als Schnipfer. Posse in 1 Akt von A. Bittner. 6 Sgr. oder 30 Nkr.

62. — Kling! Kling! Posse in 1 Akt von Morländer. 6 Sgr. oder 30 Nkr.

63. — Ein weiblicher Diplomat, oder: Das ein Mädchen aus Büchern lernt. Original-Lustspiel in 4 Akten von Charlotte Baronin v. Graven. 10 Sgr. oder 50 Nkr.

64. — Nur solid! oder: Carnevalsabenteuer im Schlossergassel. Faschingsposse mit Gesang und Tanz in 1 Akt von L. Gottsleben. 7½ Sgr. oder 35 Nkr.

65. — Am Allerseelentag. oder: Das Gebet auf dem Friedhofe. Original-Volks-Schauspiel in 4 Abtheilungen nebst einem Vorspiele: Ein gegebenes Wort, von Heinrich Hausmann. 12 Sgr. oder 60 Nkr.

66. — Ein junger Gelehrter. Lustspiel in 1 Akt. Nach dem Englischen von Alexander Bergen. 6 Sgr. oder 30 Nkr.

67. — Die Frau Wirthin. Charakterb. m. Gesang in 3 Akten von Friedr. Kaiser. 12 Sgr. od. 60 Nkr.

68. — Die Milch der Eselin. Posse mit Gesang in 1 Akt. Nach dem Französischen von Anton Bittner. 6 Sgr. oder 30 Nkr.

69. Lief. Etwas Kleines. Charakterbild mit Gesang in 3 Akten, von F. Kaiser. 12 Sgr. oder 60 Nkr.

70. — Ein Guldenzettel. Original-Schwank in 1 Akt v. Carl Gründorf. 7½ Sgr. ob. 35 Nkr.

71. — Die Studenten von Rummelstadt. Genrebild mit Gesang und Tanz in 3 Akten, von Carl Haffner. 12 Sgr. oder 60 Nkr.

72. — Der neue Don Quichotte. Lustspiel in 1 Akt, nach dem Französischen von Alexander Bergen. 6 Sgr. oder 30 Nkr.

73. — Ein Fuchs. Posse mit Gesang in 3 Aufzügen, von Carl Juin. 12 Sgr. oder 60 Nkr.

74. — Er compromittirt seine Frau. Lustspiel in 1 Acte. Nach dem Französischen von Moreno. 7½ Sgr. oder 35 Nkr.

75. — Therese Krones. Genrebild mit Gesang und Tanz in drei Acten, von Carl Haffner. 12 Sgr. oder 60 Nkr.

76. — Eine Ausnahme von der Regel. Lustspiel in einem Aufzuge, von Alois Berla. 6 Sgr. oder 30 Nkr.

77. — Zwei Testamente. Charakterbild mit Gesang in drei Aufzügen, von Friedrich Kaiser. 12 Sgr. oder 60 Nkr.

78. — Drei Viertel auf Eilf. Schwank in 1 Act von M. A. Grandjean. 6 Sgr. oder 30 Nkr.

79. — Einen Jux will er sich machen. Posse mit Gesang in vier Aufzügen von Johann Nestroy. Zweite Auflage. 12 Sgr. oder 60 Nkr.

80. — Nur nicht reden! Dramatischer Scherz in einem Act, von C. F. Stix. 6 Sgr. 30 Nkr.

81. — Unrecht Gut! Charakterbild mit Gesang in drei Acten und einem Vorspiele, von Friedrich Kaiser. 12 Sgr. 60 Nkr.

82. — Mein Fräulein Bruder. Lustspiel in einem Act von Alexander Bergen. 6 Sgr. oder 30 Nkr.

83. — Des Krämers Töchterlein. Original-Charakterbild in drei Acten von Friedrich Kaiser. 12 Sgr. oder 60 Nkr.

84. — Nur keine Protection. Posse mit Gesang in zwei Acten von Anton Bittner. 12 Sgr. oder 60 Nkr.

85. — Die beiden Nachtwächter oder: Ein Spuk in der Faschingsnacht. Posse mit Gesang und Tanz in drei Acten von Carl Haffner und J. Pfundheller. 12 Sgr. oder 60 Nkr.

86. — Die Bürgermeisterwahl in Krähwinkel. Schwank mit Gesang in einem Acte von C. Juin (Giugno) und L. Flerr. 7½ Sgr. oder 35 Nkr.

87. — Eine Feindin und ein Freund. Posse mit Gesang in drei Acten von Friedrich Kaiser. 12 Sgr. oder 60 kr.

Druck und Papier von Leopold Sommer in Wien.